芳洲拾翠

——山东省优秀班主任工作室成长印记

于昌伟　毕建英　主编

中国海洋大学出版社

·青岛·

图书在版编目（CIP）数据

芳洲拾翠：山东省优秀班主任工作室成长印记/于昌伟，毕建英主编. -- 青岛：中国海洋大学出版社，2023.6

ISBN 978-7-5670-3519-5

Ⅰ. ①芳… Ⅱ. ①于… ②毕… Ⅲ. ①班主任工作 Ⅳ. ①G451.6

中国国家版本馆CIP数据核字（2023）第094212号

出版发行	中国海洋大学出版社
社　　址	青岛市香港东路23号　　　　邮政编码　266071
出 版 人	刘文菁
网　　址	http://pub.ouc.edu.cn
订购电话	0532－82032573（传真）
责任编辑	林婷婷　　　　　　　　　电　　话　0532－85901092
印　　制	日照日报印务中心
版　　次	2023年6月第1版
印　　次	2023年6月第1次印刷
成品尺寸	170 mm × 230 mm
印　　张	11.25
字　　数	196千
印　　数	1～1 000
定　　价	49.00元

编 委 会

（山东省优秀班主任毕建英工作室）

主　编　于昌伟　毕建英

编　委　王　虎　于　玲　于明珠　于海丽

　　　　毕可静　王晓丽　牛霄燕　丛玲玲

序 ▶

　　2022年2月,山东省优秀班主任毕建英工作室成立。工作室以主持人、负责人所在的威海市文登区文昌小学为中心校,吸纳文登区实验小学、文登区文峰小学、文登区天福小学三所城区学校,文登区大水泊小学和泽库小学两所乡镇学校,共六所学校的八位骨干班主任,组成优秀班主任成长共同体。

　　有人说,一个好校长成就一所好学校。但我认为,一批好班主任才能成就一所好学校。班主任是班级的灵魂和舵手,优秀的班级必先有优秀的班主任。自工作室成立以来,作为学校负责人的我不断琢磨:班主任工作室如何助推成员智慧成长?如何借力班主任工作室为校内班主任团队建设增力,带动班主任自觉、自主发展?在实践中,我们经过多次思维的碰撞,最终决定以"心育型班主任工作的技巧与策略"为研究方向,确定转变、突破、完善"三阶"目标,构建"134"(一个核心、三阶规划和四条具体路径)发展模式,通过读书感悟、培训学习、课例打磨、课题研究等形式,多方面、多层次驱动工作室成员对内凝聚、向外辐射,推动工作室建设内涵式发展。

　　"芳洲拾翠暮忘归,秀野踏青来不定。"出自张先的作品《木兰花·乙卯吴兴寒食》。"芳洲"一词的意思是芳草丛生的小洲,在此引申为山东省优秀班主任毕建英工作室这一成长的沃土;"拾翠"一词原指拾取翠鸟羽毛以为首饰,在此引申为拾起美好事物,是我们在班主任成长路上捡拾的颗颗珍珠。因此本书以《芳洲拾翠》命名。

　　本书一共分为四个篇章,以讲述故事的形式全面呈现了工作室成立三年来每位成员的"心育型班主任"成长蜕变之路。用故事记录教育行动,再现教育情境,反思教育过程,展现教育智慧,分享教育经验,体味教育幸福,实现了由"要我成长"到"我要成长"的蜕变。本书全方位介绍了工作室的每位成员在班级建设工作中的创新点、班主任工作体系以及班主任班级管理的创新方法,力图展现工作室发展的全貌。

第一篇章：成长•幸福。班主任管理最终指向育人，每个学生的成长过程不同，成长环境不同，行动和思维也不同。班主任应该遵循教育规律，坚守学生立场，提升他们的生命质量，引领学生过有阳光、有能量、有故事的班级生活。在这一篇，工作室的成员讲述了自己的成长故事，在慢慢的积聚中成长，具有了用多种思维看待学生问题的能力，以更加有效地指导学生学习与做人。

第二篇章：阅读•遇见。班主任专业成长的路径很多，但最持久、最扎实有效的一定是阅读。为此，工作室每月围绕学习主题定制"12+x"本书，即 12 本必读书系统阅读，再自主、按需求、有选择性地购买 x 本选读书，每天阅读至少 30 分钟，以讨论分享的形式共读 1 本好书。每次阅读时，成员在书上有共鸣的地方圈画起来，并结合自己的班级管理、教育教学进行品读思考，形成自己的读书教育故事。

第三篇章：班级•发生。班级故事每天都在上演。办公室里、餐桌上，班主任经常会在茶余饭后跟身边的人聊起班级里师生、生生之间那些有趣的、值得回味的班级故事。美好的故事里包含一些教育价值观的内核，潜藏着教育元素。工作室成员敏锐地抓住发生在他们身边的关键事件，透过现象看本质，挖掘事件中有教育价值的点，用理性的思维和文字梳理，在记录中反思，形成自己的班级故事。

第四篇章：个体•改变。正如世界上没有完全相同的两片树叶，世界上也没有完全一样的学生。面对有不同学习问题、家庭问题或心理问题的学生，工作室成员能够运用专业理论知识和心理学知识进行分析，尊重学生成长规律，科学地给学生或家长以帮助和指导，智慧育人。工作室成员讲述了与学生打交道的一些日常故事，记录了学生个体成长的故事，以及成员对故事本身的思考，在文字中寻找着自己的教育理念与教育情怀。

目前，工作室成员中有 2 人被评为威海市第三期名班主任，1 人在山东省工作室主持人培训会议上做典型经验分享，1 人被聘为山东省中小学班主任指导专家，5 人分别获得省级、市级、区级班主任基本功大赛奖……今后工作室将继续以"心育"为目标，以爱心导航，以智慧为帆，追寻属于班主任的"诗与远方"。

2023 年 3 月 22 日

目 录 ▶

第三篇 班级·发生

第四篇　个体·改变

第一篇　成长·幸福

　　班主任工作如绿茶,初入喉,微涩,略带苦,后于清淡中升腾起清香,再蔓延开来,令人神清气爽,越喝越有味道。赏茶叶在水中起舞,清新靓丽、自然质朴,只有静心感悟,才能闻到春天的气息。

　　凝睇我们的班主任之路,有被人误解的苦涩,有风雨过后的彩虹,有蹒跚行路的摇摆,也有秋满廪仓的喜悦。一路走来,芳洲上留下了我们成长的印迹。再回首,我们感悟班主任生涯,沉思生命,自己也逐渐成熟起来,学会用理性的文字表达这如茶的工作。

　　在感悟中,或许我们应当静下心来倾听春笋破土时的声音;或许我们应当静下心来感悟淤泥中捡拾遗珠,洗尽铅华后的熠熠;或许我们应当静下心来观察劲竹在风雨中坚韧不拔的身影;或许我们应当静下心来体味静待花开后的芳香与喜悦……

　　在慢慢的积聚中成长,我们就会与学生组成协调的整体。因为到那时,我们已学会用心发现,已学会用心交流,已经成为思想上有深度的人,不再滞留于曩昔,而学会了瞻望将来,瞻望世界,具有了用多种思维看待学生问题的能力。

　　本篇章为工作室成员们所积聚的个人成长记录,相当于我们捡拾的珍宝,大家需细细观赏体味个中的精髓。

与书为伴　逐光而行

——我的教育成长故事

春种、夏长、秋收、冬藏，斗转星移间，我踏上教育沃土已二十余载。二十多年来，我从幼稚走向成熟，从最初面对教育的茫然无措成长为如今的从容淡定……除了岁月的沉淀，这些变化更多来源于心中信念的指引——渴望成长，期待成为一名优秀教师。我如一株向阳而生的向日葵，围绕着这道如光的信念，不断学习、沉淀、成长。

初出茅庐时的困顿

应该说，我与教育结缘有一定的偶然性，因为自己所学并非教育专业，但毕业时却恰逢全市招考教师，因为崇尚教育职业的崇高与雅静，于是参加了考试。

当我初次走上讲台，面对学生们纯净的眼神时，我的心是欣喜的；然而当领导通知听课时，心霎时变得恐慌。不知道什么样的课是一节好课，不知道一节课需要教给学生们什么。于是抱着好学的心态，我开始了漫漫的听课之路。每听完一节课，就回到自己的班级模仿上一遍，我每天的工作就这样形成了一种固定的模式：听课—模仿—听课—模仿。日复一日，某天驻足回望时，我却忽然发现自己收获无几。这究竟是怎么回事呢？是因为自己中间缺少了几年的师范专业学习吗？难道就因为如此，我就注定成为不了一名优秀的教师吗？那时的我心中充满了茫然与苦闷……

邂逅生命中的那米阳光

彷徨无措时，老教导主任把一本书递到我面前："看看吧！相信你会有所收获。"我郑重地接过这本书，只见扉页上面赫然印着"山东教育"四个红色大字，打开还散发着墨香的书本，我如饥似渴地开始了阅读与学习。

已记不清当时的书上具体分为哪些栏目，只清楚地记得有一篇文章，对我的课堂教学启示非常大。原文已记不得了，只记得大意是：模仿名家、名师的课堂，只是课堂教学的低级阶段；每节课后要及时进行反思，反思自己的课堂与名师课堂的区别,反思自己的课堂还有哪些不足,如何改进。只有经常这样反思,我们才能对课堂教学有自己的想法和观点,才能品出优劣,扬长避短。

从这篇文章中,我找到了自己滞步不前的原因:因为我不善于思考,只知道原封不动地照搬,而只要失去了照搬的源头,面对一节新课,我就会无所适从。找到了原因,就要对症下药了。于是我按照书上所说,开始了思考之路。每次听完课我都会思考这节课好在哪里,我要学习其中的什么,还有哪些可以改进的环节;自己上完课后及时总结这节课成功在哪里,还有哪些不足。同时我也开始认真学习《山东教育》《小学数学教育》中的精彩教学设计。就这样,在学习中,我慢慢成长着,课堂教学也一步步走向成熟,我这个"门外汉"渐渐得到了领导和同事的认同。加入省级班主任工作室后,在不断地学习和工作室名师们的引领下,我进一步蜕变成长,渐渐成为学校的教学骨干。

之前的学生时代,我只与作文打交道,而走上教育岗位之后,更多地接触到的是论文。教学论文怎样写是我之前一直没有思考过的,接到领导布置的"品德论文比赛"的通知后,我的脑袋一下子变大了。学生时代的我,写作文是从来不发愁的,但是论文涉及一定的专业知识,是不可以随便糊弄的。

那个年代网络还没有普及,大家获取知识的途径只有书本,于是我再次把一直陪伴在自己身边的不会说话的老师——《山东教育》请了出来,开始快速充电。好在由于领导知道我喜欢看《山东教育》,于是就把存放这本杂志的权利交给了我。看着床头上那厚厚的一大摞杂志,我心里总是充盈着满满的幸福。几天的学习,我对论文以及对品德这门学科都有了清晰的认识。我又采访了身边几位教这门学科的老师,对他们教学中的体会和困惑有了全方位的了解。素材收集齐了,我就开始动笔了,可能由于准备充分,下笔如有神助,洋洋洒洒地写了很多页。

后来,我意外地收到了获奖证书,激动得无以复加,捧着《山东教育》狠狠地亲了几口,来宣泄自己兴奋的心情。正因为如此,我之后看专业书籍时,看得更仔细了,不放过任何一篇文章。也是从那时起,我养成了练笔的好习惯,哪怕是在网络极其发达的今天,我的反思、论文仍然坚持原创,从不上网下载粘贴。2021年,在工作室的推荐下,我阅读了更多的专业书籍,并在工作室倡导下,把自己的感悟写成文字与大家分享,在共读共享的学习氛围中,大家的写作水平都得到了进一步的提升。

渐渐熟悉教学工作后,领导便安排我担任了班主任一职。说实话,我非常喜欢小孩子,但面对这么一大群孩子,除教学外,还有纪律、卫生等各个方面的日常管理,刚开始时还真是兼顾不暇。再加上学生们年龄小、依赖心强,天天告状、打架,光"官司"都处理不及。那段时间,我的脾气慢慢变得焦躁,耐心在渐渐消失,处理问题的方法变得简单粗暴。学生们当时看我的眼神里有疑虑、恐惧……或许他们也想不明白,为什么原来那么可亲的老师变成这个样子。

使我的心慢慢平静下来的,依然是《山东教育》,里面有一篇文章使我受益匪浅,虽然它讲的是中学的班级管理方面的经验,但自主管理理念适用于任何年级。看完文章之后,我开始思考:如何在我的班级实施自主管理?由这个点,我开展了一系列的改革:首先实行岗位责任制,扩大班级干部选举面,让更多的学生参与到班级管理中,确定班级方方面面的事情都有专人负责。例如针对学生们喜欢告状的现状,我设立了调解班长一职,由公正、有威信的学生担任,同学间有矛盾由调解班长出面解决,解决不了或认为不公正的再由我来解决。其次,加大对优秀班级干部的奖励……

经过一段时间的实施,我班的各项工作渐渐步入正轨。同事们都羡慕我的清闲,然而清闲的我所管理的班级各项工作却名列前茅,就这样,我回归了自己的本位,依然是学生们喜欢的老师。我庆幸自己在焦躁的时候,选择了静心学习,选择了与专业书籍为伴。

加入工作室后,我学习班级管理经验的机会更多了,国家级专家的讲座、各位优秀同仁工作经验的分享,都让我收获颇丰。有了这些底蕴的支撑,我在面对性格各异的学生们时,更多了一份理解与从容。

追寻教育幸福的足迹

我感觉自己特别幸运,在工作室遇到了这样一群同样热爱读书的良师益友。我们互相推荐喜爱的书目,共享研读同本书的收获,在不知不觉中逐光而行、飞速成长。如今的我早已习惯了或茶余饭后,或夕阳西下,或月华泻地时,手捧一本书,让精神远离世间的浮华喧嚣,于钢筋水泥的缝隙中独享一份宁静淡泊的雅致;或伴着温馨的灯火,在研读中排解工作中的种种烦恼困惑,让心灵收获一缕春华秋实的芬芳。冰心曾说过:"读书好,多读书,读好书。"是的,一路有书为伴,在低吟浅唱中找寻教育的真谛,我们的脚步将会越来越踏实,我们的教育生活也将收获别样的幸福!

（毕可静）

借助东风　一路学习　有所收获

一转眼，加入山东省优秀班主任毕建英工作室已经两年了。回想当初，当得知自己成为工作室成员时，我既高兴又忐忑。高兴的是领导对我前期工作的肯定与信任；忐忑于在省级工作室中，作为一名乡村教师，自己不够优秀。怀着兴奋与忐忑的心情，我努力、踏实地做好每一项工作。

一、最好的相遇，点燃新的热情

担任班主任二十多年了，我其实是有些职业倦怠和惰性的，但一加入工作室 QQ 群，我便被工作室成员们所打动。从工作室的工作理念到未来三年的工作规划，大家积极建言献策，尤其是关于工作室 Logo 的设计，至今让我记忆犹新。建英老师说画就画的美术功底，于玲老师提出"工作室的核心理念、团队精神、愿景等都要在 Logo 上体现"，明珠老师、王虎老师深夜还

在对 Logo 的排版、色彩进行调整，提供多个版本，让大家进行投票。最终的工作室 Logo 既体现出工作室"融合·关爱·成长"的主题，又体现了心育型班主任工作室的特色，同时简洁、美观。几天的时间里，Logo 从提出雏形到完成，真是让我对同伴们敬佩不已，又感到自己能遇到这样一个优秀的团队是多么幸福！在那段有些特殊的时期，这样的相遇带给我激励与感动，也点燃了我对班主任工作新的热情，这是最好的相遇。

二、借他山之石，提升专业化成长

在这两年的时光中，我珍惜每一次学习机会。我参加了"疫情防控常态化下的家庭教育高峰论坛"，专家们为疫情防控常态化下的家庭教育提供了许多良方、策略与积极建议，使我受益匪浅。山东省优秀班主任高级研修班学习期间，优秀班主任们的分享充满教育智慧，让我意犹未尽。他们结合具体案例，从管理制度的建立、班级团队建设、师生文化建设三方面介绍了班级建设；从沟通之道、与特殊学生的相处之道、我看"问题"学生等方面分享了育人策略。由至善学院举办的线上"新引领·新未来 2022 年班主任大会"，解决了班主任棘手问题，是疫

情下的班主任工作最好的引领。魏书生、于洁、郭井芳、郑立平、康秀兰、田冰冰等专家的精彩报告,让我感动满满,收获满满。2022年山东省中小学班主任全员培训聚焦立德树人背景下的班级建设理论与实践、班主任的专业成长知识与修养、主题班会课的设计与实施等。一场场专题讲座,更好地帮助我解决了班级管理中出现的各种问题,让我能有效地与学生进行沟通,提高了班级管理的实效性。我在各级各部门组织的培训活动中提升了自身能力,并将所学理论联系实际地应用于自己的班主任工作中,借助他山之石,促进了自身专业化成长。

三、与书为友,携手同伴共进

书是良师益友,这是我经常对学生说的一句话。在平时的工作中,我更多的是读与学科教学有关的书,如《小学语文教学》《小学语文教师》。加入工作室后,我阅读了《学习治疗手记》《教育中的心理效应》等与心理学有关、与班主任工作有关的更科学、更专业的书。一本本书就像航行的风向标,指引着我从狭小的天地驶向广阔海洋。这些优秀的图书提高了我自身的素质,使我在处理问题时,不再头脑发热,而是智慧地、合理地解决班级的各种问题。在班级管理工作中,我还经常主动地向身边的同事学习,因为每位老师在班级管理方面都有着独特的经验和长处。在学校进行学科教研时、在每天的上下班途中,我都会与拼车的同事聊班级管理中的问题,我会借用《学习治疗手记》《教育中的心理效应》中的案例,与同事一起分析学生作业拖拉的原因,商量解决之道等。与书为友,我与同伴携手共进。

两年的成长经历,使我认识到积极心理学在班主任工作中有着积极意义,使我的班级管理更有方法,同时我也享受到了成长的快乐。愿,借助工作室的东风,一路学习,有所收获!

(牛霄燕)

我的成长之路

2021年,我有幸成为山东省优秀班主任毕建英工作室一员,既惊喜又担心,主持人毕建英老师的一句话瞬间打消我的顾虑——我们是一个团队，共同携手前行。是呀，众人拾柴火焰高，在这个温暖的团队里，我们一起学习，一起探讨交流，共同成长。下面我谈谈班主任成长之路所经历的三种境遇。

独上高楼，望断天涯路

荀子有言：学不可以已。对教师来说，想要学有所成，就要持之以恒。偶然的机会，我有幸听了邢小畔老师一节心理课，邢老师一席话让我茅塞顿开。那节课让我发现原来我并不了解自己，也让我慢慢学着去接纳自己。于是我报名跟随邢老师学习心理，记得有一次上课之前做自我介绍，我说："我学习心理学知识的目的就是帮助自己，同时帮助我的学生，让我的学生能够快乐成长。"从那之后，我变了。我的学习热情高涨，除了跟随邢老师学习外，每周五晚我都会参加张红丽校长带领的志愿服务队。在张校长抑扬顿挫的讲座中，我学习了很多心理学方法，也在很多具体案例中学到了如何去解决问题。疫情防控期间，不能参加线下学习，我就在网上跟随李贺云校长学习绘画心理，跟随秦海霞老师学习家庭教育，也多次参加了山东省心理健康教育研究会组织的工作坊学习。加入名班主任工作室后，主持人毕老师带领我们学习了刘儒德主编的《教育中的心理效应》《班主任工作中的心理效应》《运动改造大脑》《学习治疗手记》《绘画分析心理治疗手册》等许多有关心理学的书，学习国内外心理学，探寻心理学的规律，在鲜活的案例中寻找方法，学习管理班级，我受益匪浅。

博闻强记固不可少，深刻反思也是不二真章。我们最常做的事就是写反思。每读完一本书，毕老师都会组织我们线上交流、写反思，在反思中不断成长。每次听完课，我都会从中去感悟，去体味，去寻找自己的不足，学会悦纳自己，体谅别人。有时候，我经常把老师讲解的内容写下来，在教学过程中遇到难题，我就尝试着用学到的方法解决问题，用学到的方法去管理班级。在这种情况下，我班学生的精神面貌发生了变化，他们喜欢跟我交流，喜欢和我一起参与班级的管理。

衣带渐宽终不悔，为伊消得人憔悴

疫情防控期间，我遇到了这样一件事。一天，我刚下网课，就接到一通来电，电话里传来小雯的啜泣："老师……我好痛苦啊……"小雯是一个内向的姑娘，心理年龄比较成熟，积极上进，上网课以来一直严格自律，表现优异，所以她的哭诉实在让我意外。后来,在小雯断断续续的叙述中,我了解了她痛苦的缘由:小雯七岁时,弟弟的出生转移了全家人的注意力,她在家庭中经常被忽略。小雯的妈妈是名护士,工作压力很大,日常生活中注意力大都倾注在二宝身上,对小雯缺乏耐心和关注,网课期间更是经常对她指责、批评。这种不公平的待遇导致小雯变得敏感,甚至常常陷入自我怀疑。此外,父母间时常爆发的争吵也加剧了她的恐惧和焦虑。

哭诉完的小雯听上去冷静了许多:"老师,和你说完这些感觉好多了,没那么难受了,谢谢您听我说这些。"那时的我,以为这只是一次平常的情绪宣泄罢了,简单安慰了小雯几句我就挂了电话。可是后来,这样的电话小雯陆陆续续又打来四五次,在每一次的通话中,我都能感觉到她被巨大的痛苦撕扯,又努力地挣扎着想从这种痛苦中解脱出来。

我开始意识到,小雯的心理可能出现了问题。如何去帮助到小雯?面对疫情,家长都感到恐慌,学生们第一次经历网课,其他学生怎么样?我陷入深深的思考,怎样才能运用所学知识帮助到他们?我想起了跟李贺云校长学到的绘画心理治疗,于是决定在心理课上指导每一个学生都画一幅房树人的画,来一次房树人绘画测验,希望能借此系统地了解学生的心理健康状况,并进行科学的干预指导。

我将学生们的画进行编号整理,跟李校长沟通后,第二天晚上,我们邀请李校长为我们班学生和家长进行了一次讲座。那次讲座之后,我学到了不少教育学生的方法。在之后的学习和生活中,遇到难题时我会深思,会向工作室成员请教,也尝试运用所学心理学知识跟学生沟通,不再动辄因为学生失常的表现而怒发冲冠、歇斯底里,我更愿意先走进每个学生的心里,去洞察每种行为背后隐藏的心理动机,打开学生的心结,很多问题自然迎刃而解。

蓦然回首,那人却在灯火阑珊处

"道"是事物发展的基本规律。教师专业化成长的"道"就在于持之以恒地践行教育思想,濡养教育风格,积淀教育情怀。班主任的专业化成长要求班主任要善于突破常规,有所创新。在学习上,不能满足于知识的积累,要善于"知新",树立创新意识;在班级工作中,根据所学,结合班级学情,不盲目跟从,自主实施有针对性的改革,构建个性化班集体。在班级管理中,我采取了许多行之有效的措施,如为了增强学生的责任心,感受妈妈的辛苦,我开展了"护蛋行动";为培养学生的自主管理意识,进行班干部竞选,施行值日班长制度。在这几年的学习中,我慢慢积累了很多心理学和教育学知识,有了管理班级的方法,积累了很多宝贵的经验。

孔子一生"以道为方向,以德为立脚点,以仁为根本"。我将继续像孔老夫子一样,在工作室成员的帮助下,在专业化成长的道路上上下求索。

（王晓丽）

不忘初衷　匠心前行

我是威海市文登区实验小学语文教师兼班主任,有幸成为山东省优秀班主任毕建英工作室的一员,开启了新的"班主任"进阶之路。跟随着工作室的各项活动,我成了同事们眼中风风火火、充满斗志的阳光教师、百变教师。我可以变身为美术老师,带着学生们画春天、画思维导图,一份份作业美不胜收;我可以变身为音乐老师,陪着学生们唱歌、跳舞、打快板儿;我可以变身为体育老师,领着一群学生把花样篮球打得有声有色。我勇于开拓,锐意创新,带班总能带出自己的特色:课间带领着学生们玩火柴,课堂上陪着学生们做实验、学理财……我致力于打造特色班级,着重培养学生的科技意识和创新能力:带领班级学生成立了科技发明社团、科技综合实践小组。近年来,所带学生多次获省、市、区青少年科技大赛各类奖项。我乐于奉献,积极参与学校"青蓝工程",为年轻班主任树立典范,身体力行地指导年轻班主任爱护学生,热爱班主任工作。

随着工作的展开,我先后获得了威海市优秀教师、威海"四名工程"语文名团队成员、威海"四名工程"名班主任、区优秀教师、师德标兵、"七名工程"名班主任、语文教学能手、优秀班主任、科技教育工作先进个人等荣誉称号。

亦余心之所善兮　虽九死其犹未悔

无心插柳柳成荫。其实,成为一名教师是我意料之外的机缘巧合,因为我从小的梦想就是成为一名律师。我坚信律师这个职业可以将一切黑暗和罪恶绳之以法。但是最终,我选择了教师这个职业。曾经,有学生问我为什么,我总会嫣然一笑,说:"因为教师可以尽自己最大的努力让世界不再有黑暗、罪恶,只要我的工作做得好,律师是会失业的……"从教二十一载,除去孕育生命的那一年,二十年来我都义无反顾地从事着班主任工作,努力成为一名优秀的人民教师、一名能给学生启迪和引领的班主任,这是我最坚定的梦想和不变的使命!加入工作室后,我对自己的班主任方向有了更新的感悟:我要做一名关注学生心理健康成长,能够在他们生命里留痕的班主任!

生来左癖称专业　手课儿童为教忠

结合工作室的工作方向,我给自己定下了新的带班理念:严爱交融——爱而不溺,严而不苛,力争做多元化复合型班主任。注重生活教育,培养学生负责、自律、诚信等自我管理的能力;强调个人卫生及环境卫生;强调上下学纪律、用餐礼仪及上课秩序;利用异质性分组教学进行合作学习,培养学生互助合作,建立"凡事预则立,不预则废"的行事理念。我坚信,一个班级的发展,就是学生的发展。要让每个学生都有一个共同认可的目标,有了目标才有前进的方向,才能有奋勇前行的动力。一切以激发学生的内动力为前提,则事半功倍!

在带班过程中,我重视对学生的思想教育,做到常抓不懈:利用班会、晨会进行品德教育,卫生、纪律、安全等更是时时抓,处处讲。注重培养班干部:随时做个"懒教师",发挥"小干部"的大作用,大胆放手,通过制定班级管理制度,对学生各方面做出了严格要求,班内形成了团结向上的优良班风。我所带任的班级先后两次荣获"威海市优秀中队"称号。2022年8月,三年届满,我被威海市教育局认定为威海市名班主任。

满眼生机转化钧　天工人巧日争新

好奇心是与生俱来的,它是开启学生学习兴趣的钥匙。有了好奇心,学生才会有学习的激情和动力,才会不断地去探索科学知识。我善于抓住学生的这一特点,经常带着班里的学生做实验,利用好奇心来培养他们对科学的兴趣。

比如让每个学生把手指洗干净,把碘伏涂在手指上进行消毒,随后让每个学生把饭粒放在桌子上摆整齐,奇怪的事情发生了。有学生报告,饭粒变脏了,手指也变脏了。饭粒和手指都出现了蓝黑色,这是怎么回事?

比如在一个透明的玻璃杯里倒入大半杯水,接着在杯子里滴入几滴纯牛奶,然后拉上教室的遮光窗帘,打开手电筒,从杯子上面和侧面照,水的颜色是不一样的,一种是天蓝色,一种是粉红色。此时此刻学生们都产生了奇妙的感觉,情绪高昂,精神振奋。

我注重培养学生的科技意识和创新能力,带领班级学生创立了科技发明社团、科技综合实践小组。近年来,有 1 位学生科技视频获国家级二等奖;另有 3 位学生的科技发明、2 次所带社团参与的科技实践活动获省级二等奖,科技创意共有 3 人次获威海市二等奖,获得文登区一等奖的更是多达 15 人次……

纸上得来终觉浅　绝知此事要躬行

著名教育家卢梭曾说过:"教育上的秘诀,便是使身心两种锻炼可以相互调剂。"我以身作则,带领班级的学生们早起晨练,每天清晨六点,班级的学生们就开始下楼晨练,有的跳绳,有的跑步,有的垫排球,不亦乐乎。体育锻炼,不单单可以增强学生的身体素质,同时对他们的心理健康也能产生积极的作用,更能在这个过程中,锻炼学生的意志品质,可谓一举多得。

路漫漫其修远兮　吾将上下而求索

一份春华,一份秋实,在教书育人的道路上,我付出的是汗水,迎来的是一份份充实的、沉甸甸的情感和收获。成为威海市名班主任这三年,我参与研究的"十三五"课题"优化学生心理品质,提高德育教育效率的研究""构筑全员育人网络推进德育一体化的研究"以及本人主持的课题"优化评价策略,促进学生习惯养成的研究"均顺利结题;撰写的论文《多彩主题,为生活而歌》在《威海教育》上发表,《优秀是一种习惯》《小学生习惯养成策略之我见》《基于如何在新时期做好小学班主任工作的思考》在省级刊物《新课程》上发表。我的《在学生心底埋下科技的种子》荣获山东省第一届班主任优秀成果一等奖;我参加 2022 年度威海班主任基本功大赛,荣获威海一等奖;执教的"别说不可能""垃圾分类　绿色生活"主题班会优课荣获威海市一等奖,主题班会优课"与人为善""学会相处"荣获威海二等奖;执教的主题班会课"朋友树"获威海市优质课二等奖。在文登区班主任培训会作《习惯的力量》经验交流;在威海市班主任专业发展培训会上作《用"心"打造阳光班级》的经验交流。在我区新岗教师培训会上,我作了《做一盏明灯　照亮学生前行的路》的讲座,参与文登心理健康工作推荐会,作了《优化班主任工作　助力学生阳光成长》的报告。

今后,我会继续乘着工作室的东风,用我的心去教诲学生,用我的情去培育学生,在梦想的道路上,我无愧于心,无悔于事业。因为热爱,所以选择;因为值得,所以无悔……

(于明珠)

反思前行 步履不停

时光匆匆,转眼间,进入这个温馨、积极向上的工作室团队已经两年了。这两年的工作、学习和实践虽然让人紧张、繁忙,但是我感觉收获多多,感慨多多。我跟随团队一起参加培训学习教育理论,一起商讨班级管理策略,每一次交流都让自己收获到不同的感悟。

努力学习 提升自我

我刚步入工作室就根据实际情况合理制订了计划,以计划引领行动。

与此同时,我加强理论学习,广泛地阅读各类有益的书籍,学习多种知识、技能,特别是学习现代信息技术,不断丰富自己的知识;加强教育教学理论的学习,力争在阅读量和阅读面上有所突破,尽可能多地阅读教学杂志和教育专著,认真做好读书笔记。在工作室的带领下,我已经阅读了《教育的初心》《学习治疗手记》《班主任工作漫谈》等书,每一次阅读、每一次反思都让我有了新的提升。我还积极参加工作室组织的各种教研活动,分享研究成果,借鉴他人的先进经验。特别是每次的培训活动,各位专家老师精彩的育人故事及精湛的理论阐述,就像那一缕不断流淌着的智慧甘泉,让我尽情地吸收着教师工作中的智慧与技能,让我对班级管理有了新的定位、新的理解。

在实践中反思 在反思中提升

每一次的团队学习反思交流、每一次撰写教育故事都提升了我的班主任专业知识能力和工作理论水平。班主任应该学会思考教育问题,在处理问题后及时反思。

　　班主任要尽职尽责,用智慧去管理班级。要给学生一个可以达到的目标,让他们主动去超越目标。首先,确定的目标要合理可行,同时还要得到学生的认可。学期初可以通过一次班会,让学生共同讨论,群策群力,定下共同的目标。其次,制订行动计划。要实现目标,就应当采取切实有效的措施,使目标具体化,并变为行动的指南。班主任将学期目标分解为周目标,同时确立"周工作计划",争取一星期完成一个小目标。再者,制定激励政策,定时评价。在实现共同目标的过程中,要及时进行科学评价和公平的激励。特别是针对学生良好的行为、明显的进步等,要及时给予肯定、赞扬,使学生感受到成功的喜悦,这样可以激发出学生更大的积极性。更值得注意的是,在这个过程中,我们应尊重每一个学生,尊重学生的差异,特别是有个性和特殊的学生,要去了解每一个学生的状态,做到有计划地正确引导,让他们也能有条不紊地跟上班级前进的步伐。

　　班主任要做到严格有爱。当学生需要关心爱护时,班主任应是一位慈母,给予他们无微不至的关怀,如我会为学生准备一次性纸杯、纸巾等各种备用的生活用品;当学生有了缺点时,班主任又是一位严师,要严肃地指出他们的不足,并帮助他们改正。在班级管理中,班主任要走到学生中间去,多倾听、多交流,这样才能全方位地了解学生的思想、学习、生活、家庭等各方面情况,把握学生最敏感的心理问题。在与学生交流时,班主任一定要做到平等,不居高临下,不摆教师架子,要与学生进行换位思考,设身处地地为学生着想。只有真诚地、平等地对待学生,学生才会信任你,才会把心里想说的话毫无保留地向你倾诉,你才能够走进他们的内心,推心置腹地交流。班主任如果用自己真诚无私的爱,真正地让学生心悦诚服,那么学生就会接受班级的管理,认同班级的管理,配合班级的管理,共同参与班级的管理,从而形成风清气正的班风。

　　班主任要不断充实自己,提升自己。一是通过读书丰富自己的专业知识,学习新的教育思想、教育理论和科学的管理方法和手段,也要向同行学习,同他们互相切磋、互相交流、取长补短,让自己的班主任工作做得有声有色;二是提高自己对班会课的设计和班级管理的能力,形成有自己特色的班级教育管理策略和方法;三是时刻把工作与思考进行有机结合,在思考中工作,在工作中思考,创造性地开展工作,将反思当成自我提高的阶梯,看哪里做得不足,使自己保持积极探究的心态。反思是自己专业发展的主要方式,写好教育反思,能使自己业务水平再上新台阶。

　　回头看走过的这两年,我在这个大家庭感受了团队前进的力量。我将继续努力学习提升自己,继续改进与创新自己的班级管理,形成自己的风格,打造的一流班集体。

(于海丽)

幸福至味是成长

今年我担任 5 年级 3 班的班主任,前不久,班上一个叫欣雨的学生的家长晚上发给我这样一段话:"老师,今天欣雨跟我说了一句话,让我高兴了好久。她上学以来从来没说过喜欢哪个老师。今天放学就告诉我:'妈妈,我好喜欢语文老师。'我问她为什么喜欢语文老师,她告诉我老师会讲课,还会讲故事,所以她好喜欢语文老师,谢谢您了。"

看到这样的一番话,我思索,也感慨良多。什么是好老师?什么样的班主任才是好班主任?想想近 20 年的班主任生涯,还记得刚毕业那会儿,我认为一个好班主任的标准就是负责任,把学生的学习成绩搞好,让自己的班级成绩始终名列前茅,让每一个"丑小鸭"都在我的努力下朝着的"白天鹅"的方向去发展,这样就是一名好老师、好班主任。但是在这个过程中,当看到学生的错误,我一贯用"虎师"般的方法,简单、粗暴、严厉地批评指出,美其名曰节省时间,高效,速战速决,可是渐渐地,我发现学生的成绩是有所提高,但是教室变得安静极了,他们脸上该有的纯真笑容消失了,一下课学生们就会坐在教室里,听不到学生们嬉笑的声音,学生都在例行公事般机械地学习,眼里看不到热爱学习的那种光芒。平时学生在校园里看见我都会马上跑开,对我望而生畏,敬而远之。是的,不可否认,我班的成绩是不错的,但我的心情依然沉重,开心不起来,还有点伤心。

当时的我忽略了每个学生是不一样的,他们的成长过程不同、成长环境不同,成长思维自然也就不同。他们是一个个有思想、有情感的人,而不是学习的机器。后来,随着年龄的增长,班主任生涯的持续,我也反复问自己:教育的本质是什么?终于,在心理学的探寻中、在积极心理学的实践中、在省级班主任工作室的学习中，我寻寻觅觅找到了答案。积极心理学的研究重点在于帮助"普通人"培养积极的心理品质，是从"好"到"更好"的过程。教育的本质应该是持续的自我成长，帮助每个"丑小鸭"不断超越自己，成长为更好的自己，变成令自己骄傲的"白天鹅"。

因为爱，所以爱

有一次，我到文登师范开会，途中偶遇到一个老友，我也知道近几年她热衷于心理学的培训和学习，掌握了大量的心理学技术。作为同行，作为多年的班主任，我们俩的话题当然离不开学生。她告诉我，其实在学习了太多的心理学技术之后，琢磨、回味之余才蓦然发现，所有的技术手段可以归纳为一个字——爱。这是一个多么简单、普通而又平凡的字眼。

爱是什么？在持续的成长中，我知道了爱是懂得，爱是发现，爱是接纳，我的理念得到了转变。因此在班级管理中，我由原先的"快节奏"，学会放慢脚步，放缓心情，遇到事情很少再去声嘶力竭地"呐喊"，企图用声高来代表我的权威，而是心平气和，关注、尊重、接纳每一个学生，接纳他们的不完美，接纳他们的与众不同，让他们知道自己和其他同学是不一样的，是独一无二的存在，而在老师的眼中他们又都是一样的。正因为这样，我面对家长发来的信息中那发自肺腑的感谢，面对学生走近我时不吝啬的拥抱，那缕缕幸福的滋味弥漫在心间，感谢成长！

既然爱，就深爱

因为成长，我不仅理念得到转变，方法也不断更新，行为也更加主动。正所谓班主任小小改变，学生大大不同。

每当学生在日常生活中出现不良行为时，我总是能够和学生坐下来，用心倾听学生描述事实，再灵活运用赢得合作的步骤四部曲：理解，表达出对学生的理解；共情，表达出对学生的同情；感受，告诉学生你的感受；问题，让学生关注于解决问题。"看见"每一个学生，从学生错误的行为中看见学生背后的那颗向上的心，从而让学生得到成长，并朝着我们期待的目标持续发展。

每当遇到一些在学习上有不良行为，或产生"习得性无助"的学生，无论是学优生、后进生还是中等生，我都会积极地关注，积极地看，积极地听，设身处地地感受学生的所作所为、所思所想，并且给予积极回应，用积极的语言替代"习得性无助"行为,给学生心理上的支持。

同时班会上、课堂上,我随时把我看到的、听到的、想到的、亲身经历的进行故事分享,有时会在原有故事的基础上,重构人生故事,通过积极的对话,唤醒学生被封存的内在积极力量,促使学生的认知发生改变,每一批学生都会亲切地称呼我为"故事老师"。

面对一年年接送的一批又一批的学生,我在成长中所习得的方法也逐渐炉火纯青,信手拈来,学生也更加地亲近我,家长亦越发地信任我,班主任的幸福滋味也愈发地浓厚,而读书也成了我生活中不可或缺的一部分。每每闲暇时间、放假之余,只要有间隙的时候,我手里总会捧着一本书,即使是晦涩难读的文字,也能够静下心有滋有味地读起来,而且也如同我告诉学生的那样,不动笔墨不读书,拿笔随时在书上圈圈画画,把自己认为重要的、深受启发的部分画出来,同时写在专门的成长笔记上。渐渐地,对班主任工作室如何突破、如何完善,对班主任工作室结业之后又将何去何从,我有了更多的思考,思路也越来越明晰。因为成长,所以幸福,因为幸福,所以义无反顾地继续成长。成长,真好!

冰心曾说过,有了爱,就有了一切。苏霍姆林斯基也曾说过,没有爱,就没有教育。想一想,在家庭教育中也好,在学校教育中也罢,我们是否经常以爱的名义摧毁了学生的尊严、自由与发展。爱是本能,会爱才是智慧!只有智慧的爱,才是真爱。不要只用本能去爱,我们要学会如何去爱。让爱与智慧同行,是我们成长的不二法门。幸福至味是成长!

(毕建英)

一次家访带来的成长

"小峰天天不写作业,你说怎么办?"语文老师带着抱怨和无奈的语气跟我说着。我转身看了一眼小峰,他低着头,一声不吭。"今晚我去你家家访!"我用略带命令的口吻朝小峰说道:"放学等着我,我开车送你回家。"我十分生气,回想开学两个多月,小峰写作业的次数都能数得过来,我联系过家长,小峰爸爸总说自己在威海干活,没时间回家照看孩子。

放学后,小峰耷拉着脑袋坐在我的车上,小声嘟囔着:"老师,您还是别去我家了,我家住在山上,没办法开车。"他的话让我更坚定地想要去看看这是一个怎样的家庭,孩子每天晚上都不写作业,家长都干什么了?

汽车在东邹山村停下来,小峰又说:"老师,您还是回去吧!我家住在邹山南坡,咱们在山北坡,步行需要三十分钟才能到我家。""还有这么远的路?不会是小峰哄骗我吧?"我坚定地说:"前面带路。"我和同事在小峰的带领下,走上了爬山的路。刚开始,路还算平坦,我还有心情欣赏一下路边的美景。路越走越崎岖,甚至有时还需要迈过一条小沟,刚才还能看到村落,一转眼进山沟里了。我和同事累得气喘吁吁,有点跟不上小峰的步子,小峰告诉我,他每天都是跑步回家。我和同事用了四十多分钟,转了不知道多少个弯,才来到小峰家。

我一下子被惊呆了,这是怎样一个家?石头和红砖砌的矮房,平顶,冬冷夏热。少了一扇玻璃的窗户和锈迹斑驳的铁门,挡不住寒风,家里没有一件像样的家具,也不通水电。小峰爸爸见我们来家访,高兴地拿出家里仅有的两个小凳子,摆放在门前一小块空地上,让我们坐。听爸爸说,小峰的妈妈是半个聋哑人,说话不清楚,原来在村里住大家都嘲笑她,他们就搬到大山里养鸡。今年秋天比较干,原来的那个小水凹干透了,小峰每天放学后,需要下山担水喂鸡,他自己在威海打零工,经常不在家。我看着这个家,轻轻地摸了摸小峰的脑袋,准备了一肚子批评小峰不写作业的话,竟一句也说不出来。小峰走这么远的山路回家,还要帮妈妈干活,天黑了才能休息,家里又不通电,晚上怎么写作业?我大脑一片空白,后面和家长聊的什么,已经完全不记得了,头脑中就是不断闪现一个问题:"怎么帮帮他们呢?"

等我们回家时,已经万家灯火。学校领导班子在得知小峰家庭情况后,主动帮他申请了班车减免和午餐补助,安排校园爸爸直接与小峰对接。在征得小峰同意后,我又把家访情况在班级家委群里分享,想听听大家有什么好办法。一周后,小雨(化名)的妈妈联系我,说自己单位愿意每月资助小峰五百元的生活补助,帮小峰读完初中,如果孩子能考上高中、大学,单位愿意继续资助。我把此事又分享到班级群,没想到引起了连锁反应,很多家长都表示愿意帮助小峰。小峰的爸爸打电话来,感动地说:"真是太感谢大家了,这社会上还是好人多,原本觉得我家这孩子没希望了,这回我一定督促孩子认真写作业。"

这股爱的暖流,流进了小峰的心里,他愿意主动参与班级活动了,作业也几乎一次不落地完成。后来小峰才告诉我,他每天早上天刚亮,就爬起来写作业。

这股爱的暖流,也影响到了班上的每一位学生。几名学优生成立了学习互助小组,在网上创建作业订正群,轮流在群里帮学习困难的学生讲解习题。

加入工作室后,我有机会和各位班主任共同学习,共研"心育型班主任"的方法策略,认识到自己最大的问题就是"经验丰富"。我往往根据经验对问题的性质迅速做出判断,还自以为是地认为这是班级管理中的"高效管理"。而这样的处理方式,往往不能真正走入学生的内心,问题处理结果表面上看风平浪静,由于学生没有真心接受,错误又层出不穷。本次家访,是一次没有控诉学生的家访,也没有和家长谈关于学生的学习问题,仅仅是了解学生在家的生活情况,却让我深深体会到了家访的真实意义。小峰能积极学习了,也带动了整个班级的学习氛围,在学生和家长之间,总有一股正能量在流转,对于我来说更是一次看得见的茁壮成长。我不断反思自己过往的教育行为:为什么我经常抱怨学生不听话?为什么我经常觉得家长不负责任?为什么有的学生会不写作业且屡教不改?当我们抱怨学生有不良行为、家长教育不当的时候,当我们无助地认为教育不是万能的时候,我们应该走进学生家中,亲身感受一下学生所处的环境,很多教育中的问题都能够找到答案。

（王虎）

向下扎根　向阳而长　逐梦前行

2022 年初,我成为山东省优秀班主任毕建英工作室人选时的激动情景还历历在目,那时,我确定了自己的成长方向——在班主任天地里扎根、抽芽,奋力生长,逐梦远行。

积蓄能量,破土发芽

自从成为工作室的成员,我如饥似渴、废寝忘食地学习,向老班主任学习,向书本学习,向专家学习,努力让自己成长起来。

　　我像拧海绵一样,将自己课余的时间全部挤出来,一头扎进了班主任工作理论书籍中,从陶行知到李希贵,从苏霍姆林斯基到于漪、窦桂梅、薛瑞萍,看他们的书,感受他们的经历,汲取无穷的理论能量。我以身边同事为师,以自己的学生为师,还将学习的触角伸向了不同学科的课堂教学:英语课堂的风趣幽默、数学课堂的缜密逻辑、音乐课堂的柔和亲近、美术课堂的文化涵养……我既接受不同课堂的新观念,也链接智能新课堂授课的新方法,以适应信息时代的学生需求。我知道,作为新手班主任,我要不断地学习新的知识,接受新的信息,以开放、接纳、融通的心态去感受、学习、体验、收获,以保持自己思想的鲜活、理念的鲜活。

　　我深知"独木难成林"的道理,我一边汲取营养更新自己的教育观,一边在工作中努力实践成长。我深知"不积跬步无以至千里",想要扎根更深,需要更多的努力。随着工作室搭建一个个平台,学习的机会也越来越多,我一次次与教育名家面对面,听取他们的理论精髓,感受他们的教育情怀,借鉴他们丰富的教育经验……也是那个时候,我心里蓄力已久的小种子用力冲破了厚厚的土层,破了土,发出了自己的声音。也正是有这样一个积极向上的团队,我感受到了"共生效应",我不断汲取着团队的力量,共享着团队的优势资源,紧紧跟着团队齐步向前走。

磨砺以须,向阳而长

　　当种子破了土,便能沐浴到温暖的阳光,生长的势头也一发不可收。2022年的全省中小学班主任基本功大赛期间便是我的迅速生长期。

　　陪伴我一路的是学校领导对我的信任和鼓励,抚平我的艰辛;为我指明方向的是市教科院为我们精心准备的培训活动,从文本设计的思路到视频编辑的画面,从案例的选材到语言的凝练,专家评委都进行了详细的指导。

　　工作室为我成立了打磨团队,在一次又一次"滴水石穿"的打磨下,团队成员为我出谋划策,二十四小时机不离身地为我答疑解惑。一幕幕、一帧帧的画面感动着我,激励着我。

　　我也度过了让自己刻骨铭心的国庆假期,每天除了睡觉、吃饭占用五小时左右,剩下的时间都是在电脑前精耕细作,即使如此,我依然感受到时间的珍贵。

　　"把热爱的事情做到极致,便成了价值。"终于,我获奖了。上百个日夜的坚持,是蜕变和成长,我收获了那份属于自己的喜悦!

伴随我的成长,我的工作量成正比增长,我的班主任手册上的数字也发生着变化:5∶1、9∶1、45∶1、225∶1、1 091∶1。后面的 1 代表我自己,前面的数字则分别代表我在每阶段所负责的工作要覆盖的成员数。5 是教研组成员,9 是三年级全部老师,45 是一个班级的学生,225 是一个年级的学生,1 091 是全校学生。当然,还有每个学生背后的家庭,就像树的枝丫不断分叉,不断延展。工作量的不断变大,也让我的工作角色发生了巨大的变化。于是,我在班主任、教研组长、年级组长、教导处副主任的角色中不断更替,这份经历很难得,不仅磨炼了我,带给了我更广阔的视野,更帮助我掌握了更高效的工作方法与路径。我也在"裂变"中向阳而长!

逐梦而行,步履不止

"却顾所来径,苍苍横翠微。"我结合自己所教的学科,积极探索有效的教学方法,形成了干练清新的教学风格。我凭借着积累的班主任工作及家庭教育理论及实践经验,多次在地市的各种比赛中获奖。在校本教研、教科研方面,我及时总结教育教学实践中产生的困惑和体会,撰写的多篇论文发表于各种教育期刊。我深知"独行快,众行远"的道理,为了帮助年轻教师更快地成长,我鼓励他们积极参加各级各类比赛及展示活动,尽心尽力和他们一起磨课,助他们成长……

心理学教授卡罗尔·德韦克说过,要用成长型思维去思考,把学习当作终身的任务,学会终身成长。社会正朝着越来越丰富与多元的方向发展,班主任要和学生一起在变化发展的环境中不断学习方法,提升自己的综合能力,才能帮助学生抓住链接未来的机会。

整理这两年来的收获,虽不是累累,但颗颗果子都是汗水的凝结,都是真情的付出,都是值得我细细抚摸、反复品味的……

"前路虽长,尤可期许",在班主任成长的路上,我会一如既往,逐梦前行,期待自己根深叶茂,枝粗果硕!

(于玲)

乘着东风　整装再出发

不知不觉中,加入山东省优秀班主任毕建英工作室已经两年了,回想当初,心中依然充满忐忑。作为一名乡村教师,我深知自己不够优秀。而且从教二十多年了,我也有了些职业倦怠和惰性。怀着激动与忐忑的心情,我重新开启了自己的"班主任"进阶之路。

迈步再向前

自从成为工作室的成员,我深切感受到了其他工作室成员的积极和热情,我在他们的感染和推动下,努力地向他们学习,向书本学习,向专家学习,努力让自己成长起来,向他们靠近。在这个过程中,我更深刻认识到要加强自身的修养。这种修养既包括学识方面,也包括道德方面。一名班主任如果自身修养欠缺,何谈对学生提出更高的要求。同时,我感觉一名班主任还必须具备持之以恒的毅力,不但对职业持之以恒地爱,对学生们也要持之以恒地爱。对职业持之以恒地爱,就要做到勤学习,学习新的理论方法,这样才能不断地提高自己;对学生持之以恒地爱就要做到优生差生一起爱,学困生比学优生更需要老师的鼓励、监督。

携手开启逐梦之旅

工作室为我们的成长搭建了一个个平台,我学习的机会也越来越多,从那时起,我不断汲取着团队的力量,共享着团队的优势资源,开启了自己的逐梦之旅。也是从那时起,我更关注学生的个性差异,更注重因材施教。"金无足赤,人无完人",由于每个学生的家庭环境、社会环境、自身的心理素质不同等方面的影响,学生存在着较大的差异。面对学生,我总是以诚相见、循循善诱,消除他们心中的隔阂,让他们敞开心扉,心悦诚服地接受批评和教育,自觉地去转变自己。当然,每一个学生的实际情况是不同的,必然要求我们深入了解,弄清学生的行为、习惯、爱好及造成问题的原因,从而确定行之有效的对策,因材施教,正确引导。

源、蒙、鹏、旭曾是我班出了名的"四大金刚",历届师生都能历数出他们的"丰功伟绩",可是作为他们的班主任,我坚持"不抛弃,不放弃"。于是,经过长期的观察和了解,我发现他们四人以源为中心,总是源在发号施令,有时候其他三个不想做的事，被他一鼓动就跟着做。特别是当受到批评时，本来有的还面有愧色，但一看到源一副"大义凛然"的样子，也就跟着"不以为意"了。发现了这些特点以后，我想不如采取"逐个分离，各个击破"的战术试试。一次课堂上，一个学生因病呕吐了。难闻的酸腐气味立刻充满了教室，学生们一个个都捏起了鼻子，捂着嘴。只有鹏站起来把秽物收拾掉，用拖把把地拖好。我抓住这个机会，给了他一个"劳动小金星"的称号。此时的鹏，脸涨得通红，手指不停地揪着衣襟，眼含泪花地看着我为他戴上"劳动小金星"的标志。从那以后，他真的变了，每次干活他都跑在最前面，还经常帮助值日生擦黑板，帮老师擦桌子。后来，他还被学生们推选为"劳动委员"。后来，我给蒙和旭也分别戴上了"智慧小金星"和"环保小卫士"的标志，让他们成功地脱离了"四大金刚"这个小团体。最后只剩下比较顽固的源了。此时的源看着自己的"盟友"一个个都受到同学的欢迎，自己却没人理，心里很难过。他虽还经常欺负同学们，但已不似原来那样骄横跋扈了。他正一点一点地转变。

一次，一个学生跑来告诉我，源主动帮助值日生打扫教室。这时我发现源正用充满了渴望的眼神望着我，我却平淡地说："奖励他一颗星星。"源的眼神有点暗淡了下来。后来又多次有学生来告诉我源做了好事，每次我都平淡地奖励他一颗星星。一段时间以后他终于忍不住了，跑到我面前对我说："老师，我也想当一个好学生，我保证再也不打架，再也不做坏事了，你也让我当'小金星'好吗？"我摸着他的头说："只要你认真改过，老师和同学们一定会原谅你，并为你戴上'小金星'的。"听了我的话，源兴奋地说："谢谢老师，我一定会好好表现的。"自那以后，他上课专心听讲，课后作业认真完成，再也不调皮捣蛋了，而且还经常帮助同学，谁忘了带本子或铅笔，他都会主动把自己的送给同学用。后来，他由于课文读得非常棒，真的被同学评为了"朗读小金星"。

这一年多来，在专家的引导下，在工作室成员的影响下，我在不断地成长着。而我也在用自己的专业成长影响着我的学生们，带领着他们走出迷茫和泥泞，开启一段新的逐梦之旅。

（丛玲玲）

第二篇　阅读·遇见

朱永新曾说:"一个人的精神发育史实质上就是一个人的阅读史,而一个民族的精神境界,在很大程度上取决于全民族的阅读水平。"

以教书育人为天职的我们,更是离不开书籍的滋养。通过阅读大量的书,不仅能够丰富自己的教育理论,在解答学生问题的时候也更加得心应手,同时还能逐步提升自己的专业水准,从讲师型教师向研究型教师转变。

我们阅读,是为了寻求教育思想的营养。在漫长的教育历史中,人类创造和积累了许多宝贵的教育思想财富,这些财富都留存在一些经典的教育著作之中,品读这些著作,就是在与过去的教育家对话,也只有通过品读这些著作,才能让人跨越年代、跨越国别,真正坐下来探讨教育的真谛。拥有这样的过程,其实就获得了教师成长的基本条件,因为自身的教育智慧会在这其中慢慢凸显出来,成为专属于个人的教育特色。

我们阅读,是为了寻求情感与意志冲击下的个人升华。一位喜欢阅读的教师将具有感应世界、独立思考的能力,不仅能够带领学生在知识的海洋里徜徉,也能更加从容地接纳学生的个性,挖掘他们的潜力。

我们阅读,亦是为了更好地写作。所谓"不动笔墨不读书",遇到好书或好文章便摘抄、批注、评点,这样可以加深记忆,增强理解。当然,动笔不仅是抄读或批注,还包括写读书笔记、写文章、做课题、著书立说。有专家认为，用隐性知识显性化的方法将大大促进教师的专业发展。显然，写作是"显性化"的有效途径。

我们阅读，更是为了将读书与教书结合起来。在教书的过程中多读书，通过汲取书中的营养以用之于教书，达到学以致用、用以促学、学用相长的目的。正如陶行知所言，"书只是一种工具，和锯子、锄头是一样的性质，都是给人用的。我们与其说读书，不如说用书"。

余秋雨说："阅读的最大理由是想摆脱平庸，早一天就多一份人生的精彩；迟一天就多一天平庸的困扰。"是的，改变世界，要从改变自己开始；改变自己，要从阅读开始。

学以致其道，读以致其德，书以致其善；学以致其能，读以致其美，书以致其和。为了遇见更好的自己，朋友们，我们一起读书吧！

从"尊重"开始

　　读完宋少卫编写的《学习治疗手记》第五章——掌握隔代育儿的分寸感,我对尊重学生的意义有了更加深刻的认识和体会。

　　一天晚饭后,奶奶教给笑笑背诵《三字经》。当读到"性相近,习相远"的时候,奶奶解释说:"习是学习的习,好习惯的习。"而笑笑却突然笑着说道:"xi 就是媳妇儿……"奶奶大感意外,面带不快训斥道:"小孩子懂什么媳妇呀,是习惯的习!"笑笑反而更加兴奋地边跳边喊起来:"噢~噢~,就是媳妇的媳,就是媳妇的媳……"有些气急败坏的奶奶终于控制不住情绪了。"你要是再不听话,看奶奶打你不?"她用手假装比画着,但不小心打在了笑笑的脸上。笑笑随即就放声大哭起来,并且再也不背《三字经》了。

　　在这个案例中,奶奶因为不了解儿童心理特征,没给笑笑足够的尊重,酿成笑笑再也不背《三字经》的后果。当孩子出现一些成人认为错误或者反常的行为的时候,家长不要急于用批评去否定孩子,而是应该理智地想一想:孩子为什么会这样?根本原因是什么?再问一问孩子为什么会这样做。当我们给予孩子足够的尊重,了解了孩子的真实想法时,就可以找出孩子行为反常的具体原因了,才有助于问题的解决。

　　回想自己的教育之路,在"望子成龙"的心态驱使下,我也曾给过孩子很多强制的"爱"。比如周末,在没有与孩子协商的情况下,我安排了很多辅导班课程,压得孩子喘不过气来,我常常能看到孩子眼中的怨恨与不满。每当孩子进步的时候,我又是表扬,又是物质奖励,把我以为的"爱"强加在孩子身上,从没认真倾听过孩子的心声。

　　作为父母,要尊重孩子,让孩子在兴趣的驱使下主动学习,而不应把自己的意愿强加到孩子身上,让孩子在焦虑与紧张的氛围中生活。我们常常以"爱"的名义绑架孩子,让孩子背负我们的焦虑,完成我们的期待,完全忽视了孩子的需要。教育孩子,家长应该先放下自己的期望,从尊重孩子的兴趣开始,让孩子成为他们自己,按他们自己的节奏成长,这胜过所有"爱"的语言和物质。

　　要做到真正地尊重孩子,其实也是很不容易的。家长首先要能够完全接纳自己,才会完全接纳自己的孩子,才会把内心深处的爱通过尊重孩子的选择表达出来。家长也需要多和孩子沟通,倾听孩子内心的想法,站在孩子的角度去理解孩子。当我们家长能接纳自己、尊重孩子,我们的教育之路就能迈入正轨,孩子发展的列车才会开始启动、提速。

（王虎）

学贵有法

《学习治疗手记》这本书一直在我书架上,但起初看到这本书,我是没有多大阅读兴趣的。随着工作室老师们一次次分享,每当我听到一个个萎靡不振的学生经过学习治疗,重新焕发出求知的欲望,燃起学习的信心时,看到家庭因为他们的进步而变得温馨和睦时,我就禁不住憧憬:如果每个学生都有健全高效的学习系统,并具备自我修复的能力,那么就不会再有学生因为学习而焦虑、抑郁,也不会再有家庭因为学习而关系紧张冲突不断。

在学生成长的过程中,我们希望学生的身体健康,也越来越重视学生的心理健康,在这二者兼具的前提下,我们希望学生的学习成绩可以很好。但很多人从没想过学习也是会生病的,而这本《学习治疗手记》可以说是学生们"学习病"的全科门诊。

学习是有方法的。事实上,各个学科的学习都有一定的学习方法和特点。大部分时候学生考试成绩不理想,很多题明明可以做对,却总是失分,分析原因的时候经常就会得出粗心、马虎的结论,改进的方法就是细心一点,但是下次考试依然还是粗心、马虎。如果学生对于所学内容一点也不会,那么老师和家长会想方设法让学生学会,而对于学生这种一问就会、一做就错的情况却并不怎么重视,毕竟学生是会,只是有一点粗心、马虎,只要细心一点就可以了,因此像粗心、马虎这样的"小"毛病经常会伴随学生的整个求学过程。

审题不清是马虎了,计算错误也是马虎了,漏题更是马虎了,语文马虎了,数学马虎了,英语也马虎了。"马虎不是病,犯起来真要命。"马虎、粗心好像成了学生学习上最大的问题,而这个问题从学生到家长,甚至老师都不曾重视过,既没有深挖过马虎背后的原因,也没有进行深入的研究,马虎、粗心问题更没有被科学地对待过。

马虎只是一种表面现象,它的背后有着复杂的心理机制,涉及认知、动机、情绪等多个方面,只有找到深层的原因,对症下药,才能真正解决学生马虎的问题。

在《学习治疗手记》第八章第一节的结尾处,作者将马虎分成了四种类型:

(1)信息识别与执行偏差型马虎。出现这一类马虎的学生,学习中经常出现基本运算错误、漏看错看题目信息、书写不规范或不准确等问题;

(2)逻辑加工偏差型马虎。产生这一类问题的学生无法准确地对比、判断、分析,逻辑加工能力存在问题;

(3)价值观偏差型马虎。这一类的学生习惯用马虎来掩盖自己学习不用功或是能力不足等问题,他们对于改掉马虎的毛病没有动力,更不会主动去寻求解决方法;

(4)知识漏洞与程序缺失型马虎,这一类学生在某个特定的知识点反复出错,知识上存在漏洞,解题自然出错。

马虎很常见,正因为常见,更应该引起重视。遇到马虎的学生,老师和家长需要弄清马虎的类型,判断病因,对症下药。

所以,拥有积极学习系统的学生,不仅能准确完整地学会知识,运用知识解决问题,做到知行合一,还能自主修复学习系统的漏洞与不足,让学习系统不断升级迭代,这样的学生毕业工作后也必将成为行业精英,因为他们拥有的不是静态的知识,而是获取知识、解决问题的根本能力。

总而言之,帮助更多的学生建立积极学习系统,是每一位家长和老师的重要使命。

(于明珠)

莫因焦虑忘初心

学生学习成绩不理想,是什么原因造成的?我们习惯上会将其归结为"不用心""不努力""太懒",甚至是太笨。应对策略就是补课、刷题,然而学生坚持了很长时间,仍然没有进步,其原因是什么呢?青少年学习心理专家宋少卫老师在《学习治疗手记》一书中告诉我们,学生的学习问题是由其学习系统的漏洞造成的。如同我们吃五谷杂粮,身体有时会生病一样;学生们学习各科知识、各类技能,他们的学习系统也可能像"生病"一样出现问题,最终表现为成绩不佳。宋老师的分析见解如同拨云见日,让我获得醍醐灌顶般的收获和顿悟。

其中我尤为喜欢第三章"莫因焦虑给孩子【挖坑】",可能是因为在孩子教育过程中我也有过类似焦虑的经历吧!现将对这一章的理解和体会与大家分享。

如果要用一个词来形容当下的中国教育,那恐怕就是"焦虑"了。焦虑的家长们,纷纷涌入"鸡娃"大潮:超前的读书识字、超额的课外辅导、超声贝的"吼式教育"……孩子们还没来得及体会学习的乐趣,就已经负重难行;还没来得及养成良好的学习习惯,就已经问题重重。家长们对学习的一知半解、对孩子未来的焦虑,以及对孩子的关切交织在一起,他们常常以爱之名,对孩子的学习造成破坏。

在治疗师初级培训学员中,有一位亦辰妈妈。亦辰小时候学习不够专注,总是边玩边学,妈妈为此没少吼他。起初,每次一吼,孩子就能够静下心来学一阵。小学一、二年级时,母子俩还能勉强和谐相处。然而到了三、四年级,这一招就不那么好用了。随着年龄的增长,孩子总是满脸的不情愿、应付了事。进入初中之后,孩子更是各种反抗,妈妈的吼式管教不断升级却收效甚微。看到此,我恍惚间有一种熟悉感,仿佛看到了曾经的自己。我的女儿是个比较听话的孩子,但学习上比较容易知足,缺乏上进心。看着每次考试第十名左右的成绩,我内心也非常焦虑,有时候情急之下也会失去理智,大声训斥女儿。不过庆幸的是,作为教育者,我比较善于反思,当看到因为我的焦虑,我们的亲子关系出现裂痕时,我对自己的吼式教育及时叫停,之后采用深入谈心的方法,每日和孩子聊聊学校里发生的事情、聊聊同学、聊聊学习上的困难。对孩子的教育也从吼叫变为心平气和地讨论解决问题的方法。其实亦辰妈妈为自己制作的"不吼孩子"的小程序,我们也可以借鉴:一察觉到自己的脾气即将上来,就立刻做一个深呼吸,把手背在身后,倒数五个数,再默念一遍"要建设不要破坏"。

人脑有三种记忆:数据、程序和情绪。情绪记忆对数据记忆(陈述性记忆)和程序性记忆具有明显的促进或抑制作用。一旦出现负面情绪,其会对前两者的记忆产生极大的抑制和削弱。孩子被吼之后,必然产生焦虑、恐惧、抑郁和愤怒等消极情绪,这会大大削弱和衰减学习的效果。长此以往,亲子关系也会变得糟糕。同时,我们要明白,焦虑的情绪是容易传染的,当我们变得焦虑,孩子们也会因我们而焦虑,在焦虑的环境之下,孩子又怎能心平气和地学习、生活呢?心理学家普遍认为,焦虑性格的父母易培养出焦虑性格的孩子。而焦虑人格的人由于情绪波动大,很可能影响其未来成就。所以,父母们要放下焦虑,找到孩子的问题所在,对症下药才能从根本解决问题,别让焦虑成为孩子成长与发展的绊脚石。作为家长,我们要学会淡定,学会把注意力从关注孩子的不足转移到已取得的成绩上,欣赏他们付出的努力,这种正面反馈更能激发孩子内在的自主学习动力。

回顾自己教育孩子的过程,以书为镜自照,我感觉自己做得比较好的地方是,尽管对孩子的学习成绩不是很满意,但从来没有给孩子报学习类的辅导班,只是根据孩子的兴趣给她报了美术、舞蹈兴趣班。同时,虽然身为教育工作者,我从来没有给孩子布置额外的习题进行练习。所以对比其他孩子,我女儿的童年是比较轻松、幸福的。其实,有时候我也比较茫然,不知道自己做得对不对,也有些后悔没有让孩子上个英语班。因为从长远看,孩子早点开始学习英语,对孩子的英语听力和口语是很有益处的,当然这个学习不能只是背单词,而是要从兴趣入手,让孩子多听多说。

父母们,请回忆我们教育孩子的初心,是不是首先要让孩子成为一个健康快乐的人?我们在教育的过程中,是不是忘记了自己的初心,无限放大了成绩的比重,从而影响了孩子的整体发展?教育是一门高深的学问,需要我们不断地学习、发现、反思,从而提升自己的教育理念和方法,让我们一起相约在教育的路上告别焦虑,静下心来欣赏一路的繁花与共,且行且成长!

(毕可静)

给作业拖延症把把脉

孩子写作业拖拉磨蹭,几乎成了当今亲子关系的"头号杀手"。《学习治疗手记》一书,结合具体案例进行科学研究,从而得出结论:同是作业拖延,起因却不尽相同,需要根据具体情况进行系统分析。催促与吼骂永远不会让孩子提速,只有找到"病灶",对症"下药",才能科学地进行学习治疗和干预,治好孩子的"作业拖延症"。

书中提到孩子作业拖拉磨蹭的四种原因:一是因孩子缺乏内在的学习动机,学习兴趣不足;二是因孩子感统失调,产生畏难情绪,从而作业拖拉;三是在写作中没有建立好从"语"到"文"的机制,孩子在运用字词方面有障碍,要借助他人或工具的帮助来提升学习效率,完成自我突破;四是孩子注意力不够专注,需要加强自律管理。

读书的同时,我脑海中不禁浮现出自己的孩子每天放学回家的情景。他回到家总是不着急写作业,一会儿东玩玩西逛逛,一会儿吃吃喝喝。等到吃完玩完,还是磨磨蹭蹭不着急写,每天需要大人不停地催促,他自己却好像一点儿都意识不到自己的问题。他这种情况是典型的他律模式和不会进行时间管理,需要别人在旁边提醒才能集中注意力。现在想来,造成孩子这种问题的原因跟家庭环境有很大关系。孩子从小入睡时家中环境一般比较安静,就使得他性格比较敏感,对环境要求很高。如果大人跟平时一样打扫房间、聊天或者开着电视,这样的孩子适应环境的能力就更强,抗干扰能力也强。另孩子上学、放学都是爷爷奶奶接送,平时的家务活爷爷奶奶不舍得让孩子动手,孩子基本就是衣来伸手,饭来张口,做事的条理性和时间意识较差。

小学一至三年级是孩子形成自我时间管理习惯的最佳时期,因为这个阶段孩子的可塑性比较强,是习惯养成的关键期。为了帮助孩子改掉作业拖拉的问题,在写作业前我们会鼓励他自己来安排时间。如将作业分段变成小的目标,确定完成各科作业的时间,以小目标的实现,来增加孩子的成就感,提高其自律性。此外,注重让孩子参与到家庭事务中,让他做些力所能及的事,培养他对家庭的责任意识,对于孩子积极的表现,及时给予正面的肯定与赞许。平时我还会跟他玩一些提高注意力的亲子游戏,如取三张不同的牌,随意排列于桌上,让孩子盯住某一张牌,然后把三张牌倒扣在桌上,家长随意更换三张牌的位置,然后让孩子报出那张牌的位置。随着孩子能力的提高,可以增加牌的数量、变换牌的位置的次数和提高变换牌位置的速度等。

现在,孩子学习的专注力和效率有了很大提高,基本能合理地安排作业任务和时间;我们同时帮助他培养自己的兴趣和特长,鼓励他积极参与到各项活动中,使他的学习热情逐步得到释放。

通过阅读《学习治疗手记》,我了解到孩子作业拖拉或许是孩子需要进行统感训练;或许是孩子缺乏内在学习动机;也或许是需要防走神的"定海神针"……

当孩子在成长过程中遇到问题时,不管是老师,还是家长,既要帮孩子把把脉,又要帮孩子找找良方。好习惯的养成非一日之功,在帮助孩子改变的过程中我们需要付出耐心与时间,和孩子一起不断学习、不断努力,用心呵护,孩子才能健康成长。

(牛霄燕)

纠正偏科要对症下药

平时办公室里,有老师提及:孩子上初四了,喜欢上数学和物理,偏偏对化学提不起兴趣,说天天背诵,不愿意学,所以对这一学科兴趣恹恹。

某一天晚上,有位家长打来电话,说:"我家孩子又听话,又努力,可是对数学真是不开窍,无论怎么学就是学不会,每次小测都在及格的边缘,这可怎么办呀?"

暑假的夜晚在外面散步,我听到前面两个散步的家长说,孩子因为和老师起冲突了,不喜欢这科老师,不愿意学习这门课程了,成绩急剧下滑。

面对上面种种偏科问题,家长们焦虑无比,要么给孩子报相应的辅导班,希望通过课外辅导让孩子这一学科的成绩提上去;要么家长买来试卷,让孩子每天晚上或者周末大量地刷题,希望通过多做题让孩子的成绩有所改变。在这样的一波操作之后,有个别学生进步了,可是还有很多学生停滞不前,甚至因为大量的补习而疲惫不堪,成绩更差。

那我们如何对症下药,科学有效地帮助偏科的孩子提高成绩呢?今年暑假,我静下心来细细地品读了青少年心理专家宋少卫的《学习治疗手记》,让我豁然开朗,茅塞顿开。在这本书的第七章,宋老师呈现了4个案例。

案例1:晓潇英语基础薄弱,学习态度不端正,晓潇家长对此无法接受却又无计可施。宋老师对她的学习治疗主要从价值决策的"三关"共同入手:借助教具、游戏化的教学方法调动孩子的兴趣和主动性,帮助孩子闯过情绪关;帮她认识学习英语的意义;教给她一些学习英语的方法。

案例 2：小雪从解不出数学难题到听不懂数学课，再到数学成绩一落千丈，导致她一提起数学学习，就会沉默不语，兴致缺缺。宋老师从价值决策入手，从小雪的兴趣点切入，对她进行引导调整，引导她将优势领域的成长型思维迁移到劣势领域，帮助她在弱势学科学习中转变思维模式，克服畏难情绪，并且最终提高数学成绩。

案例 3：雨婷在化学和政治这两门学科中找不到学习兴趣与学习意义，从而没有仔细思考如何掌握、升级有效建立这两门学科知识体系的方法，导致她的知识记忆零散化、孤立化。宋老师调整了她的价值决策，通过思维导图帮助她建构起成长型的学科知识体系，从而帮助她有效学习。

案例 4：佳伦理科各门成绩几乎都接近满分，与此形成鲜明对比的是语文成绩只有 79 分，文理学习效果泾渭分明。宋老师分别从语义解析和程序定制两方面入手，通过帮助佳伦建立起表示逻辑的关联词语信息反射库，进而用"三招写尽天下文章"的写作策略升级了她的写作程序，逐渐补上了她的文科漏洞。

面对弱势学科，学生往往认为自己天生不行，长此以往，很容易形成习得性无助，直接影响原本正常的认知过程。看了上面的 4 个案例，我深觉这 4 个孩子是幸运的，在他们困惑、迷惘、无助的时候，他们的父母并没有放弃他们，带他们到宋老师工作室进行咨询，采取科学、有效的方法帮助她们走出偏科的阴霾，引导她们从自身兴趣出发，帮助她们领会学习的意义，掌握适合自己的学习方法，令她们对解决偏科问题有了更大的勇气和信心。她们遇到宋老师，得到宋老师的帮助，是幸运的。

上面 4 个偏科的孩子在面对弱势学科时，也尝试过，想改变过，可是却因为没有好的学习策略，而导致失望、灰心甚至放弃。因此可以看出，有一套适合自己的学习策略有多么重要。那么我们不禁思考：学生的学习策略从何而来？宋老师所说的积极学习系统模型指的是什么？如何从价值决策、识别驱动、逻辑加工、语义解析去操作？当学生的学习出现问题时，我们作为家长也好，老师也罢，不仅要知道教什么，而且更应懂得怎样教、怎样才能教得好。可是我们不知道怎样去帮助孩子，或者对学习方法仅仅是一知半解，那我们如何去帮助需要帮助的孩子呢？21 世纪的主要特征是着眼于培养学生终身学习的愿望和能力，而要让学生学会终身学习，这就意味着终身学习是我们的必然选择。我们只有不断地成长，不断地学习，只有懂得了教育规律，了解了学生心理特点，运用科学的学习方法对症下药，才能引导每个孩子更好地面对问题，健康、阳光地成长。

（毕建英）

学习也需要治疗

有一个马虎的孩子是一种怎样的体验？常有家长问我："老师，我的孩子各方面表现都不错，就是马虎、粗心，做事常常丢三落四。学习也一样，经常把 3 看成 8，把'＋'看成'÷'，当给他指出来时，他会毫不在乎地说：'有什么了不起，我本来会做的'……每每这样真是让人崩溃，我要如何做才能帮他改掉马虎的毛病啊？"其实每当这时候我都感同身受，因为我的女儿就是这样一个马大哈，我也无数次因为她的马虎而崩溃。我曾尝试多种办法想帮她改掉这个毛病，但收效甚微。在无数次的失败、无数次的崩溃后，我都曾想过放弃。直到我看到了宋少卫老师的《学习治疗手记》，我又看到了希望，重燃了信心。

宋老师认为，学习出问题，是学习系统出了漏洞。比如马虎，这只是一种现象，后面有心理、认知、动机、情绪等各种原因。按照宋老师的分类，马虎有 4 种原因：信息识别有问题，执行不精确；逻辑加工能力不行，不能准确对比、判断、分析、推理；价值观有偏差，用马虎来掩盖自己的能力不足、不认真；知识漏洞、程序缺失，就是某些知识点没有掌握。把马虎的真正原因找到，再对症下药，就比较容易提高成绩了。

究竟女儿属于哪种马虎呢？我急切地看下去。当读到宋老师举的相关案例"从不及格到 84 分，一次辅导造就的数学奇迹"时，我一下子醍醐灌顶，文中的"乖乖女"沈慧杨的原型不就是我女儿吗？像沈慧杨这样正负号运算总爱出现错误的现象，我女儿也无数次出现过，为此，我曾暴跳如雷，甚至在极度愤怒的情况下动过手。读了宋老师的《学习治疗手记》这本书后，我才知道原来这是信息识别偏差型马虎。宋老师专门针对这种马虎给出了具体的解决办法，而这个解决办法简单易行，仅仅是在做运算之前多做一步，处理一下正负号。如此简单的解决办法，而我却用了最拙劣、最低效的办法。为此，我感到深深的自责和愧疚。

宋老师还研究总结了中国"顶级"学霸的学习系统，将学习拆解为"识别驱动""语义解析""逻辑运算""价值判断""学习程序"5 大模块，并对这 5 大模块进行了细致的分析，列举了大量实践案例。在这些案例中，我们往往就能够找到自己或孩子所面临的问题。有了这本书，我们不再迷茫，面对孩子的马虎问题，不再手足无措。这本书也为每一位在孩子的培养问题上出现困惑的父母指明了方向。

（丛玲玲）

提前学是不是抢跑

　　孩子的学习成长过程是一场马拉松，而不是百米冲刺，提前热身需要选择科学的方式。

　　孩子即将上一年级的家长有可能会有这样的困惑：让孩子提前学，担心孩子失去学习兴趣；不提前学，又担心孩子"输在起跑线上"，跟不上学校的教学进度。关于这个问题，我终于在《学习治疗手册》中找到了答案。

　　如今的家长越来越重视孩子的学习，很多父母在孩子上学之前就开始统筹规划。毫无疑问，家长对学习的认知和看法，将在决策中起到决定性作用。从上小学的第一天起，孩子就开启了正式的学生生涯，上课、作业、考试这样的学习任务与学业考查将伴随孩子接下来的十几年。而幼小衔接对孩子来说就是一个重要转折，甚至决定了他们能不能从无忧无虑的孩童顺利转变为积极向上的学生。因此，家长对幼小衔接的重视和焦虑，也就不足为奇了。

　　针对这种情况，宋老师从科学的角度给了我们解释：从学习系统的角度来看，提前教孩子拼音、识字等知识，提升的是语义解析这个模块。根据我的经验，过早学习学科体系中的知识，孩子在小学阶段可能会短暂领先。但随着年龄的增长，反而可能会遇到更多的问题。例如，到中学后，有的孩子可能出现课上不愿跟着老师走、厌学等情绪，这和孩子提前学习了知识，导致小学期间养成课上无法集中注意力听讲的学习习惯有很大关系。

　　事实上，在幼小衔接阶段，真正能够影响孩子学习成绩的因素，往往出现在识别驱动模块而并非语义解析模块上。因此，我们应当考虑的问题不是"该不该"提前学知识，而是"如何"在保护孩子学习兴趣的前提下，帮助孩子掌握学习技能，从而顺利度过幼小衔接阶段。

　　比如说小学生握笔姿势不规范，听起来不是大事，但是实际上会严重影响孩子学习系统中驱动执行模块的发展。在孩子小时候，这个问题可能主要影响的是学习写字的兴趣，当孩子稍大一些，需要大段书写时，你就会发现他的写字速度被严重拖慢了。如果已经形成了错误的肌肉记忆，再想纠正过来不是件容易的事。如果他才上小学一年级，肌肉记忆固化的时间不长，采用一些特定的训练方法还是可以逐步纠正的。当然，当务之急不是让孩子每天练写多少字，而是纠正其握笔姿势。

这也使我想起我班一个孩子小涵,他三年级了,我考察了一下孩子记忆力,记忆相当快,但最让人痛心的是这个孩子认识的字很少,会写的字就更是屈指可数。我曾经教他认识三个词语,上午会写,下午也会写,到了晚上也能够写下来,第二天,我依次抽写还行,如果颠倒顺序来抽写,他就不会写了,我猜他是用固定位置的方法来记忆。依照宋老师所说,小涵应该是识别驱动系统出了问题。首先是没有学好拼音,不会拼音,没有找到方法识别它,记不住,没有兴趣,又没有效果,识字对他来说犹如吃药。之后,我对他进行注意力训练,让他在图画中找不同,或者找出字形相近的词语进行辨别,加上图像记忆法,或者换一换的方法,教给他认字的方法。慢慢地,这个孩子识字量加大了,加上家长的配合,小涵能记住字,也学会写字了。正如宋老师所说,此时家长不宜过早给孩子灌输学科知识,顺应本能,让孩子开开心心地完成识别驱动校准工作才是此阶段的首要任务。而所谓"输在起跑线上"的说法,完全扰乱了孩子成长的客观规律,很多家长自己或包办给孩子提前讲授小学知识,不仅不能帮助孩子获得学习的基础能力,反而造成了社会性的教育内卷式问题。

(王晓丽)

让鲶鱼效应与生活超链接

我上师范的时候曾接触过教育学和心理学,当时的我对每周一节的心理学总有一种抵触心理,总认为和我没有关系。课堂上老师讲得滔滔不绝,口若悬河,可在我听起来,仿佛就像是听天书似的,是那样晦涩难懂,听起来总是那样昏昏欲睡。三年师范下来,所有的心理学知识"完璧归赵",我什么都不记得了。

我曾经在直属学校工作多年,这个学校的教师平均年龄 44 周岁。每次到优质课比赛的时候,各个学科都得挨个找教师们讲优质课,有时 1 个电话竟然会打到 1 个多小时,结果还是以失败而告终。

后来我来到了现如今的学校,2020 年,正赶上讲优质课的大年。当学校领导把通知发到群里时,不出 2 分钟,11 个学科的教师全部报名完毕,而且有的学科竟然有三四人竞争。我当时瞠目结舌:这差别也太大了吧。这是怎么回事呢?直到最近我读了《教育中的心理效应》一书,才从中找到了答案。

挪威人爱吃沙丁鱼,但是当渔民将捕捞的沙丁鱼运回渔港时,发现大多数的沙丁鱼已经死了,死鱼卖不上价,怎么办呢?于是聪明的渔民想出了一个办法,就是将沙丁鱼的天敌鲶鱼与沙丁鱼放在一起。沙丁鱼因害怕而加速游动,结果,水活了,鱼也活蹦乱跳了。这就是鲶鱼效应。

鱼槽中的沙丁鱼如此,现实生活中的人亦是如此。无论是哪个领域,哪个单位,如果长期养尊处优,就容易产生麻木不仁的惰性。我们学校年轻的教师不在少数,他们年轻、有朝气、有活力、有想法,对现代电子设备技术娴熟,如果他们躺平的话,那是多大的资源浪费,对学校长远的发展不利。由于我们学校是城乡接合部的新建学校,在晋升职称方面优势要大于其它学校,同时学校领导非常重视教师专业发展,于是就有了出类拔萃的"凤毛麟角"。短短几年,获得的荣誉证书从区里、市里,到现在的省里和国家级,学校的每一位教师见证了学校一步一个脚印的进步与成长,每次的考核成绩都名列前茅。在这样"鲶鱼人才"的搅动下,一大批年轻教师纷纷行动起来,成长起来,成为学校各学科的骨干力量,学校也迸发出一片欣欣向荣的景象。

当然,鲶鱼效应体现在学校的方方面面,其中受益之人也有我。进入不惑之年的我感觉自己在体力、精力等各方面急剧下降,因此在工作中只想上好自己的课,对家长、对学生有份交代即可,其他的事情则能推则推,不思进取。学校规定每天早晨 7:30 到校,我一般是在 7:31 分左右到校。学校领导有时在学校群里上传个别教师 7:20 到校在班级辅导学生的照片,于是在这样"鲶鱼人才"的带动下,全校教师们到校都比较早,一向掐着时间点到校的我也加入了早到校的群体中,并且到学校之后马上到教室进行卫生、纪律监督和个别辅导,我好似又找回了一种年轻的状态。紧接着,好多年不讲优质课的我今年又参加了优质课比赛,从来没有挑战过家庭教育讲座的我今年执教了一节家庭教育优课。

鲶鱼效应不仅让我自己的成长有了突破,而且我还把它运用在了班级管理中,尤其是班级中那些优秀学生的身上,效果明显。班上有个叫瑄的女生,她十分优秀。可她在班级的各项活动中都是走在最后面的,好像对任何事情都提不起兴趣。后来我发现班上有个叫涵的男生,各方面的素质和她差不多。但是涵却是什么事情都是走在前面,和瑄截然相反。于是有一次国旗下演讲,我让他们俩同时成为主持人,没想到,女生瑄这次一改先前拿着稿子念的状态,一晚上把稿子成功地背诵下来,反超了涵。结果通过这样一件小事,一下子激发了瑄的学习热情、上进心,现在瑄俨然成了班上一条名副其实的"鲶鱼"。教育是科学的,更是艺术的。

　　心理学和我们的生活密不可分,也无处不在,它涉及我们生活的方方面面,涵盖我们的家庭生活、人际沟通、亲子关系等等。我还需要不断学习,不断提高心理学的理论知识,让心理学效应与生活超链接,充分利用心理学知识来指导、服务于我们的生活,从而实现助人和自助。

（毕建英）

"头脑风暴效应"在班级管理中的实践应用

　　最近比较烦!这几天班上总被扣分,原因是地面卫生脏、有纸屑。我不管采取批评教育还是说服教育,甚至是采用惩罚措施,都不太管用,最多十净一两天,地面上又会出现纸屑等垃圾,扣分不断。怎么办呢?

　　读刘孺德写的《教育中的心理效应》一书,书中提到的"头脑风暴效应"给我留下了深刻印象。我也恍然大悟,为何不把这个难题抛给学生,在我的班级也开展一次头脑风暴活动呢?

　　利用周一的班会课,我开展了一次题为"如何让教室地面的垃圾消失"的头脑风暴活动。学生们以为我又要进行批评教育,都满脸严肃地看着我,一声不吭。在提出这个问题后,我也学着刘老师,先给学生提出了几点要求:

　　(1)每人至少要提出一个解决方法。这是为了保证大家的参与性,要知道,头脑风暴的目的就是尽量找出所有可能的方法,只追求方法的数量,至于提炼观点是后面的事情。第一步就是发散学生们的思维,学生参与度越高,后面执行的时候就越有动力。

　　(2)不评价别人的方法。在头脑风暴初始阶段,大家只提方法,不对他人的方法做任何评价。

　　(3)方法可以异想天开。全班那么多人,要求每人说一个方法,可能真没那么多好方法。因此,我允许学生们异想天开,无论能否实现,只要算一种方法就可以提出来。

（4）也可以在其他同学提出的建议基础上，提出自己修改后的方法。

抛出以上四点要求后，头脑风暴的寻找方法阶段就正式开始了。卫生委员最先提出："所有人都不能往地面扔垃圾。"有学生立刻说道："老师也说过这个要求，肯定有人做不到。"我指着第二点要求"不评价别人的方法"，用食指放在嘴边，做了一个"嘘"的动作。大家安静后，班长又提出："把教室划分成小的区域，每人管理好自己负责的区域。"然后，其他学生就再没举手的了。在学生们思考的间隙，为了发散学生们的思维，我也提出了自己的方法："能不能让每一块垃圾都插上翅膀，自动飞到垃圾桶。"提议引来了学生们的哄堂大笑，大家都说不行，也有几个学生哄闹着说行的。我又提醒大家注意第二条要求"不评价他人的方法"。我的提议打开了学生思维的闸门，各种稀奇古怪的方法都涌现出来。学生看到我还把这些方法都一一整理在黑板上，觉得更加可笑，教室里不时传出阵阵笑声。在这笑声中，学生们放松了警戒，原来以为我要批评大家，现在发现什么事都没有。于是，一个个新奇的点子在头脑中迸发。一个叫旭的学生提出："希望有一个巫师的口袋，袋子张开，垃圾就自动吸入。"又是引来一阵笑声。另一个叫晓的学生拍拍脑袋，像有重大发现似的说："我觉得我们每个人都可以带一个塑料袋当垃圾袋，有一些小纸屑，可以随时放进垃圾袋中。"……

终于，每个学生都提出了一个方法，我整理了满满一黑板。看着这些方法，我说："这些方法都可行吗？现在我们可以对这些方法进行实际评估，如果你觉得哪个方法行不通，可以提出来，大家都认为不行，我们就划掉它。"在大家的讨论交流中，学生们很快就划掉了那些不切实际的方法。我没有把这些方法擦掉，只是在这些不合理方法上画了一条斜线，为学生找回做准备。黑板上划掉的方法越多，剩下的方法越少，学生们争论得就越激烈。思维不断碰撞，每个人都全身心投入头脑风暴中。最终，全体学生一致通过的方法是"每个人都带一个塑料袋当垃圾袋，把一些小纸屑直接放进垃圾袋中"。我让晓谈一下获奖感言，他有点害羞地说："我是在前一个同学旭提出的'巫师的口袋'方法启发下，想到这个方法的，因此，我觉得也应该谢谢旭。"第二天，学生们主动带了垃圾袋，挂在桌子旁边。

教室地面脏，成为我班级管理的难题。通过读书，我学会并运用了"头脑风暴效应"，成功地解决了这个问题。我认为，我们多读书，学习专家们的方法理念很重要，但更重要的是要敢于把学到的方法运用到自己的班级管理中，验证方法的有效性，最终找到解决自己班级问题的最佳路径。

（王虎）

用"心"打造阳光班级

平时忙忙碌碌,我总是不能静下心来读书,今天终于收拾好了卫生,读了《教育中的心理效应》一书,有点意外,有点开心,有些震撼,有些思考!意外的是没想到这本书如此引人入胜,让我欲罢不能地一口气把书读完了;有点开心的是终于能找到一本能清楚指引自己开展教学研究的书了。

初读此书便给我巨大震撼:在多年的教学中,我竟然做了这么多违背心理效应的事!我有时候竟然按照与心理效应全然相悖的管理方式在管理班级?原来这么多转化问题学生的过程中用到了心理效应?上课原来要这么做才能正确规划时间,把效率提到最高?与学生的交谈中这句话原来有这么大的伤害性?做老师原来必须有点儿"不完美"?学生原来可以这样归类?

在《教育中的心理效应》中,无论是"仰八脚效应""南风效应",还是"暗示效应",无疑都在告诉我们:感人心者莫乎情,温暖胜于严寒。对于我们一线教师来说更是如此。面对教育教学中的学生难题,我们难免会着急、生气、发脾气,因为有些学生真的很气人。有些学生在好言好语多次劝说后,只能好一时,热度不过五分钟,过后还是我行我素。只有真正走进学生内心深处,用爱铸就暖阳,才能打造出阳光班级。

作为班主任,我们要指导学生学会关注他人的情绪和情感体验,学会理解他人,站在他人的立场上,将心比心,学会调节控制自己的情绪,使自己保持良好的心境。

比如:一个学生作业没交,他说忘在家里了,对此,你会怎样说呢?

"真的忘在家里了?那就回去拿来让我证实一下。"——不信任。

"怎么搞的?这已经是第三次了!明天补交!"——不耐烦、不满意。

"是啊,为了写好这篇作文,你一定花了不少心血,可惜,今天不能看到你的作业了,我会得到迟到的惊喜,还是永久的遗憾呢?"——信任、体谅、遗憾、暗示。

第一种说法透露出对学生的不信任,所包含的情绪是幸灾乐祸的:你说没带,我就将你一军——去拿来证实一下。更有甚者:在家里?什么地方?打电话,让你妈妈现在送一下。(心理活动:还想和我来这一套?分分钟让你现原形)

试想,这个学生确实没写,被抓包,当着全班同学面被揭穿,是什么感受?退一步讲,有的学生为了前面一个谎,在我们的追问下,需要不停地继续圆谎,我们的情绪是不是就越来越容易失控?也许,这节课就在批评教育、愤怒整顿下过去了。俗话说,快于意者亏于行。这样处理对学生作业完成、学业进步有帮助吗?这过山车一般起伏的情绪对我们自己的身心健康有益处吗?

第二种说法传达出的信息是对学生的极不耐烦和不满意,学生听后的感受是疏远和排斥的。试想这样的学生会悦纳我们吗?不会,而且学生容易产生消极情绪,甚至破罐子破摔,彻底不上进了。

第三种说法,传达的信息是我们信任、体谅学生,同时又表示了遗憾,而且暗示他老师非常希望看到他"花了心血"的作业。相信学生听了这样的话语,如果真的忘了带来不会感到委屈,只会感到后悔,以后会尽量避免这样的疏漏发生;如果确实是没有完成作业,回去以后也会"花不少心血"补上。所以说,对学生应注重以情动人,对学生、对班级、对我们自己,都是有益无害的。

我曾经在班级做过一个问卷调查,在回答"我碰到问题首先找谁商量"时,选择"寻找同伴"的占70%,寻找父母的有10%,其他的占比都达到了12%,会找老师的只占8%。这表明学生碰到麻烦,首先想到的是伙伴。因为家长还有老师往往以教育者的身份,主观分析问题。学生的心很难敞开,也就很难沟通、理解。在这种情况下,问题得不到及时、正确的疏导,我们的工作就容易"踩雷"。

为此,我在班级开设了"心语"信箱。每天中午,班级的"情感传递委员"用钥匙打开信箱,将信分类、登记。写给我和各科任课老师的,由我分发;写给同伴的,送给收信人。为什么要登记呢?这是我们班写信的格式,每封信的左下角都要有 LOVE 这个字样,我在网上下单做了个印章,学生们可以自己画这个标志,也可以直接印在自己的信封上,每个字母代表着不同的意思:L 表示请求班主任介入帮忙,O 表示决定自己解决,V 表示期待回信,E 表示不需要回信。之所以选择这样进行分类,是为了让我们的信箱发挥更有效的作用。有的时候学生们之间的小矛盾,通过自己书信交流就能解决,还能保护他们彼此之间的隐私,我当然乐见其成。但如果学生自己解决起来有困难,或者没达到理想的效果,可以勾选 L,我看到登记之后就会去了解情况,以过来人——"大朋友"的身份引导他们并给予帮助。至于为何加入回信和不回信的选项,也是有小心思在里面。比如有的时候我为了鼓励某个学生给他写了一封简短的信,敏感的学生可能会觉得不回信不礼貌,我勾选了不回信 E,学生的压力可能会更小一点。学生之间闹了矛盾,勾选了回信 V,收信人从这个小小的选项中就能感受到对方的诚意和期待,有些问题就迎刃而解了。

知己知彼,才能百战不殆,只有真正了解学生的心理发展水平和状态,我们才能有的放矢,对症下药,形成良性循环,助力学生健康成长。

(于明珠)

巧用心理效应 助力学生成长

——读《教育中的心理效应》有感

暖风微醺,阳光不燥,在这样一个美好的日子里,我与《教育中的心理效应》一书不期而遇。这本书里面介绍了 66 个心理学的规律和效应,每个效应里面都有经典实验、理论介绍和案例分析,深入浅出,通俗易懂,为我们的教学工作提供有价值的参考。我从里面撷取了几个心理效应的片段与大家分享,共读、共思、共悟。

一时遭蛇咬,十年怕井绳——厌恶实验

厌恶或者害怕是人类本能的情绪反应,但这种反应并不是天生的,而是后天习得的。那怎样消除厌恶的情绪和行为呢?

行为主义先驱华生的学生琼斯曾做了一个经典的治疗实验。34 个月大的小男孩彼得患有恐惧症,害怕有毛的物体,尤其害怕兔子。治疗中,琼斯先给彼得一些他喜欢吃的食物,然后把一只关在笼子里的兔子逐渐移近正在津津有味地吃东西的彼得。如果移近的兔子使彼得表现出不安,就把笼子移远一点儿,等他平静下来再做进一步的尝试。其目的就是要在愉快刺激(好吃的食物)与所害怕的兔子之间建立一种联系,从而减弱或消除恐惧反应。

琼斯的治疗实验成功了。彼得不仅对关在笼子里的兔子不恐惧了,就连兔子从笼子里出来也不在乎了,最后,甚至变得愿意与兔子一起玩耍了。由此发展起来的行为主义方法被广泛地应用到治疗恐惧等领域。

教育应用:在教育中,学生们许多行为背后都隐藏着深刻的道理,教师对积

极的行为给予鼓励,对消极的行为给予厌恶的惩罚,就能很好地塑造学生的行为。

弄假成真的谎言——认知失调

著名美国社会心理学家费斯廷格等人做过一个有趣的实验。在实验中,先让两组人从事重复乏味的任务 1 小时,然后让他们告诉别人任务是有趣的。这两组人的唯一差别是,第一组的人得到 1 元钱的报酬,第二组人得到 20 元的报酬。最后问这两组人对任务的真实感受。结果发现,第一组报告说任务有趣、有意义,第二组则报告说任务乏味无意义。费斯廷格根据实验提出了认知失调理论,即当两种想法不一致或想法与行为不协调时,人就会感到不舒服。

怎样解决这种认知不协调呢?第一,改变行为,使行为符合想法;第二,改变想法,使其符合行为;第三,引进新的想法,改变不协调的状况。

教育应用:有些班主任喜欢指任一些调皮捣蛋或爱讲话的学生当纪律委员,就是让他们有角色意识,在想法上觉得自己有必要带头遵守纪律,为了避免行为与其角色认知的不协调,这些学生就会改变自己过去不遵守纪律的做法。教育要讲究策略,聪明的教师们不妨让学生打破旧有的不良协调,产生认知失调,然后通过调整失调,使其达成新的、良好的认知协调。

为何工作?——德西效应

研究者让学龄前儿童使用特制的画笔画画,许多儿童对此热情甚高。然后,研究者将儿童随机地分成 3 组:第 1 组儿童被事先告知,如果他们给参观者画一幅画,就会受到奖励(优秀画家奖);第 2 组儿童虽未事先告之,但在画完之后也会意外得到同样的奖励(但不是每次都能得到奖励);第 3 组儿童不接受任何奖励。4 天后,研究者记录儿童的自由活动情况,结果发现,受到奖励的第 1 组儿童用于绘画的时间是第 2、3 两组儿童所用时间的一半。德西效应说明,在学生感兴趣的学习互动中,过度的奖励刺激不仅不能提高学生学习的主动性,反而有可能弄巧成拙。

由这个案例我想到了自己的教育教学,我也喜欢给学生们一定的物质奖励,有时是 1 本书,有时是 1 个本子、书签或 1 支笔,有时是 1 张免作业卡。看到为此学生学习的积极性高涨,我还有点扬扬得意。但上面的案例不仅让我反思这高涨究竟是表面的还是深层次的,学生们表现出的积极性到底是因为学习本身还是因为我的奖励？奖励只能激发一时的积极性，并不能激励学生们的一生。如果1年后学生们升入新的年级，任课老师不用这种物质奖励的方法了，学生们会不会因此消沉，不愿意努力学习了呢？怎样的奖励才能激发学生学习的内因，从而影响并陪伴学生的一生？

教育应用：奖励的给予实际上蕴含着深刻的学问。教师在奖励和表扬学生时，应该运用"奖励内部动机为主"原理，使学生更关注自己的成长，引导他们朝自我成长的方向发展，而不是引导他们仅仅去谋取一些物质上的"蝇头小利"。

教师是针对人类心灵的工作，所以我们更应该学习和研究心理学知识。"学无止境，勤则可达，志存高远，恒亦能成。"让我们在学习的路上，勤学善思，明辨笃行，用心培育祖国未来的花朵，让每一朵花都能以自己的姿态盛放。

（毕可静）

善用互悦机制与霍桑效应

开学第二天，我偶然看到这样一幕：小雨同学吃完饭，边走边昂首冲还在吃饭的分到别班的老同学挥挥手，颇有一番领导派头。笑的同时，我不禁回想起2021年四年级的那个小雨：自卑、厌学、孤僻，可以说与现在判若两人。

2021年开学第一周的周三，上完第一节课我刚回到办公室，门便被敲响，一个瘦瘦高高、低着头的男孩走到我面前，捂着肚子声若蚊蝇地说他不舒服，要请假。他的脸色的确有些苍白，一番询问后，得知他经常肚子痛，那天又没吃早饭。在与他的父母均联系不上后，我倒了热水，让他在办公室吃了些东西。他在椅子上趴着休息，一段时间后告诉我好了许多。这样的事在随后的几天又发生了两次，第三次他妈妈的电话终于打通，沟通后她很平静地说："老师，没事，不用管他，过一会儿他就好了。"

与教过小雨的老师交流后，我得知这个学生学习基础差、厌学，有借病逃学的经历，家长与老师配合度不高。课堂上抽小雨回答问题，他的头总是低垂着的，声音极小，好像风一吹就要摔倒的样子。学校组织学生参加保险，小雨的保单一个星期了也没带回学校,问他也说不出个原因,想向家长了解情况,电话总是打不通,我心中不免有些急躁。

几天后发生的一件事,让我对这个学生有了更多的关注。那天第一节上课铃已经响了,小雨还没有到校,在班里一问,跟小雨同班车的学生们七嘴八舌地嚷道:"老师,小雨中风了!""老师,他全身发抖,班车司机不敢让他上车!"中风?小学生会中风?在这样的疑问中,小雨家长的电话终于被我打通了,虽然他的妈妈没有具体说,但隐约透露这个孩子大脑有问题,不能太激动,否则会全身发抖。我的心中一震,他的自卑、厌学与孤僻,似乎都有了解释。霍桑效应强调,关注就是力量。课堂上再抽他回答问题时,我会耐心地提醒他抬起头,鼓励他说:"让我们每个人都能听到你的声音!"所谓"近朱者赤,近墨者黑",学生们在我的影响下,也给予小雨越来越多的关注与帮助,师生之间逐渐营造出良好的沟通与协作关系。

第一个月的家长会,小雨的家长特意留到最后,第一句话让我记忆犹新:"老师,我们家孩子喜欢你!"那一刻,我有热泪盈眶的冲动,自己的付出与努力,学生和家长真切地感受到了。每个人都希望别人喜欢自己,作为教师,更希望自己的学生能喜欢自己。因为只有学生们喜欢老师,才能"亲其师,信其道"。这正契合了《教育中的心理学效应》中的互悦机制。互悦机制告诉我们,如果学生喜欢一位老师,老师也喜欢这位学生,这位学生便越发觉得老师可亲可爱,从而喜欢老师所教的学科知识。

随后,我明显地感受到了小雨的变化,他下课与同学的交流多了,走路也不再是低头含胸了,期末考试成绩提高了二十多分。更让我惊喜的是,第二学期疫情在家学习期间,我总能收到小雨单独发来的作业,他遇到不懂的地方也会跟我交流。暑假期间组织学生参加志愿者活动,小雨主动打电话给我询问如何参加,他逐渐打开了自己,更多地关注起周围的世界。

班主任工作是烦琐的,在工作中善用互悦机制与霍桑效应,有助于我们读懂学生,理解学生的情绪表达,分析学生的异常行为,更好地帮助学生成长。

(牛宵燕)

山重水复疑无路 柳暗花明又一村

——打破思维定式

最近我阅读了《教育中的心理效应》一书,我发现书中的很多例子就发生在我的身边,发生在我的课堂上,书中的很多心理教学方法我也曾用到了,但却用得并不一定恰当。在书中,我还学到了很多新的教育方法,为我解决了课堂中遇到的难题。

作为班主任,每天早晨我都要到教室看看学生的到校情况,督促学生收拾室内、室外卫生。这天早晨,我像往常一样来到教室,却发现教室乱糟糟的,无人打扫卫生。于是,我理所当然地认为是学生们偷懒的结果。晨会的时候我把当天的值日生狠狠地批评了一通。这时,我听到一个小小的声音在下面嘀咕"不是我们不想扫卫生,都怪那些小贩……"

"小贩?怎么回事?"听我这么一问,学生七嘴八舌地就嚷开了。原来今天是个集日,每当这时,那些小贩就早早地来抢占有利地势,而集头的公路是人流量最多、销量最好的地方,于是,那些小商小贩一大早就把公路两边占得满满的,只剩下仅够一辆车通行的地方。而有一个小贩为了摆摊方便,竟把车停在了路中间上货。于是,那仅有的一条路也被堵死了。小轿车过不了,不停地按喇叭,但喇叭声压不过叫卖声,车主进退两难,望摊兴叹;摩托车左冲右突,最后还得绕道而行;最无可奈何的是送学生上课的家长,学生怕迟到在车里急得哇哇直叫,家长急得满头大汗却无路可走……而那些小贩却熟视无睹,照样有条不紊地摆货。所以,今天学生们上学都迟到了,没有时间打扫卫生。而我却按"常理"认为是值日生们贪玩、偷懒导致的后果,不分青红皂白把学生们狠狠地批评了一顿。再看学生们情绪激动、义愤填膺的样子——当然是对小贩们的,学生们对老师总是那么宽容。于是,我灵机一动,何不趁这个机会教学生写信。以前教学生写信时,总是让学生写给老师、同学,写给爸爸妈妈,而学生常常无话可说,满篇的"无病呻吟"。今天正好让学生就这件事以自己的名义给镇政府写封信,把他们对这件事的看法和建议写出来。这既让学生学会如何从生活中寻找写作素材,写出自己的真情实感,又可以让学生学以致用,学会用自己的方法解决问题,岂不是一举两得。于是,我以"给镇长的一封信"为题,让学生把自己的心里话写出来。一次精彩的写作就这样开始了。结果很成功,学生用心写出的作文,与平时相比,从语言上、结构上、情感表达上都超出了预期。这次作文,使学生明白了其实写作就是要写自己身边的真事、实事,写出自己的真实感受。

通过这个小插曲,我更加明白,教育无处不在,只要我们善于打破思维定式,因势循导,必定可以收获意外的惊喜。

(丛玲玲)

莫让"三人成虎"

我在语文课前提了一个问题:古诗《题西林壁》中哪一句说明了"当局者迷,旁观者清"？话音刚落,有一个学生立刻回答:"不识庐山真面目,只缘身在此山中。"接着有几个学生重复了回答。"是这句吗？再想想,上午的语文课我们刚讲过。"我面无表情地说。教室变得安静,突然一个声音响起:"老师他们说得不对,应该是'横看成岭侧成峰,远近高低各不同'。"听了他的回答,我笑了笑。其他学生也跟着说道:"对,就是这句。"先前回答的学生也更改了答案。接着我让学生翻开课本,有的恍然大悟,有的还惋惜地指着课本,为自己没有坚持后悔。课后我跟学生交流,第一个学生说本来他坚信他的答案是对的,可是看到我严肃的表情和很多同学都说的是第二句,他就怀疑是自己错了,所以更改了答案。另一个学生说,他也不确定是哪个答案,也没想到翻课本查询正确答案,同学说什么他就说什么。

其实,在日常教学当中,类似的案例我们不仅会在课堂遇见,在班级管理中也会遇到。比如有学生在走廊跳绳、乱扔垃圾,其他学生也会效仿这种行为。这就是教育当中典型的"三人成虎"。大家可能也听说过这个成语,说的是如果有三个人谎报这个地方有老虎,而听者就信以为真。这种在社会群体中容易不加分析地接受大多数人认同的观点或行为的心理倾向,被称为从众心理。

用通俗的话说,从众就是"随大流"。我们对于那些自己不太了解、没有把握的事情,一般都会采取"随大流"的做法。社会心理学家研究发现,持某种意见的人数多少是影响从众的最重要的一个因素。"人多"本身就是说服力的一个明证,很少有人能够在众口一词的情况下还坚持自己的不同意见。压力是从众的另一个决定因素。"木秀于林,风必摧之",在一个团体内,谁表现出与众不同的行为,往往会招致"背叛"的嫌疑,会被其他成员孤立,甚至受到严厉惩罚,因而团体内成员的行为往往高度一致。从众行为是一种常见的社会心理现象,这种从众心理存在于班级中,有一定的危害性:在班级中,学生学会了等待,不会主动承担班级任务;在学习中,他们不会主动思考,会等待其他学生的答案。久而久之,这个班级就会变成一个懒惰、拖拉、没有进取心的班级。按照人在社会生活中的规律来讲,从众是正常的,也是不可避免的。我们如何反向应用从众心理影响呢?那就需要发挥从众心理的积极作用。

班主任要善于发挥从众心理的积极作用,首先树立多样榜样,弘扬正能量。先将班级管理细化为纪律、卫生、学习三大领域,评比每日之星、每周之星、每月之星,同时通过班会、黑板报等舆论阵地大张旗鼓地进行宣传表扬,针对特殊难管理学生设置进步之星,让学生看到别人通过努力有了成绩,激发进取心。其次合理组建合作学习小组,在小组学习中,胆小、顾虑多、意志不坚定、自信心差的学生就会依赖优势学生。所以我们要解除小组群体的压力,建立鼓励所有成员自由发挥自己不同意见的规则。注重培养学生独立思考的习惯,为学生创设思考问题的情境,注意答案的多样化,扩大学生的思维空间,提高学生的批判能力。

从众心理每天都在发生着,作为教师,我们应该了解从众心理,让从众心理为我所用。

(于海丽)

推开梦想的那扇门

你听说过 A. S. 尼尔这个名字吗?没听过,不要紧,因为这个名字的确有点普通。那你听说过夏山学校吗?也没听过,没关系,因为我也是第一次听说。那你总听说过日本小林校长创办的"巴学园"吧?是的,就是《窗边的小豆豆》中所描述的那个"巴学园",本来以为这样的教育"乌托邦"只存在于黑柳彻子笔下,却没想到它就是以英国夏山学校为原型的,而创办人就是 A. S. 尼尔。虽然这个名字没有施瓦辛格、迈克尔·杰克逊那样家喻户晓,但在教育界,他却是一个书写奇迹的人,因为他创办了一所与众不同的乐园一样的学校。

以爱与自由为本

"让学校适应学生,而不是学生适应学校"是尼尔创办夏山学校时秉承的基本理念,我们不难看出,这一理念背后潜藏着尼尔对学生们深深的理解与爱。如果要问是什么造就了夏山的传奇,是什么成就了学生们的幸福人生,我认为,"爱与自由"是尼尔教育成功的本质所在。

爱——尼尔说,在学校里,他从来没有特别宠爱的人。当然,他也难免对某些人有偏爱,却尽量不表现出来。对学生一视同仁,一样的肯定和尊重,平等的爱成就了夏山。

自由——尼尔认为,有时学问本身不如性格重要,所以在夏山,上课完全自由,学生们可以上课,也可以不上课,学生如果想玩,可以整天玩游戏。让学生做他自己,不逼学生做任何事,充分的自由成就了夏山。

案例:对不起,你能原谅我吗

课堂上学生们都在认真地做习题,忽然传出婷小声的啜泣声。"怎么回事?"我立刻板起面孔问道。后面的慧站起来,说:"好像是涵捅了她一下。"我心里不禁有些愤怒,因为这个意外打扰了原本安静的课堂,于是不由分说地来到涵身边,厉声问道:"你怎么就那么讨厌?上课不是看课外书,就是影响别人,不喜欢学习还来读什么书?"他倔强地抬起头,大声地辩解道:"我没有。""慧都看到了,你还说你没有,我最讨厌撒谎的孩子。"我有些舍不得利用数学课的时间来处理这些琐事,所以想就此打住。谁知我话音刚落,就听到涵"哇"的一声哭了,并有些歇斯底里地喊道:"我说过我没有,为什么还赖我?"我被他的喊声震住了,看来今天这件事不查清楚是无法就此收场的。我只得把婷叫到身边,仔细询问了事情的经过,原来这件事真的与涵无关。我心里感觉到一丝愧疚,但碍于师者的面子,我没有及时向涵道歉,只是讪讪地说:"知道了,你坐下吧!"

感受尼尔"爱与自由"教育的同时,我脑海中浮现出上述场景,不禁倍觉惭愧:首先,我对学生们没有做到一视同仁,对涵存有很深的偏见;其次,我过分重视成绩,仅仅为了不耽误课堂几分钟的时间就想草草处理事情;最后,我没有把自己和学生放在平等的位置,犯了错误不愿意道歉,不经意间深深伤害了一个学生的心灵。痛定思痛,我暗暗下定决心,新学期开学第一天,一定要当着全班同学的面真诚地向涵道歉,请求他的原谅。感谢尼尔,让我认识到自己的错误,更让我明确了一个真正的好老师的标准。

以民主自治为线

第一次听到自我管理这个话题,是在向魏书生校长学习时,那时感觉这个理念非常先进,给了我很大的震撼,没想到尼尔的民主自治比之整整早了半个多世纪:夏山是以民主方式自治的学校,一切有关集体和生活的事情,包括对违规者的惩罚都由星期六晚上的学校大会投票处理。不论年龄长幼,每位教职员和学生都只有一票,一个七岁学生的一票与校长的一票有同样的效力。尼尔说,他认为,每星期一次的大会比整星期的课程都有用,他不相信有任何一种教育方式可以取代夏山的民主制度。

尼尔校长办公室的楼下是教室的走廊,因为他不喜欢在工作时听到踢球的吵闹声,因此在学校大会上提议——禁止在室内踢球。一些女孩子、年纪较大的男孩子和几乎全体教职员都赞成尼尔的提议,但他的提议并未通过。最后,在几次开会争论之后,才获得了大多数投票支持,通过了禁止在楼下走廊玩足球的规定。

案例:让每个学生成为班级管理的主人

又是一年新学期,我怀揣着新的教育理想,接管了新的班级。开学第一天,我和学生们一起制定了班规,重新选举了班级干部。选举先采用自我推荐制,再通过民主投票产生。为了确保班级工作项项有人负责,我也扩大了选举的范围,本次选举共产生大大小小的班级干部三十多人,大多数学生都有机会参与到班级管理中,这样初步实现了班级的自我管理。同时,为了调动学生们学习的积极性,我充分利用班上的百分赛,我把自己的名字也写在了百分赛上,和学生们一起学习,一起进步。

以上都是我以往习惯的做法。这学期我在班上新增设了班级大会,班级的日常管理都通过班级大会来投票处理。我希望通过班级大会,逐步实现班级的民主自治,增强学生们的责任感和主人翁意识。

塑造成功人生

在现实生活中,我们是怎样衡量一个人是否成功的呢?无非是他(她)是否考上了名牌大学,是否拥有体面的工作,是否拥有不菲的收入……而尼尔却赋予了"成功"不一样的定义:能快乐地工作、积极地生活。他说他情愿看到学校教出个快乐的清洁工,也不愿看到培养出一个神经不正常的学者。

汤姆五岁时来到夏山,十七岁时离开。在这段时间里,他一堂课也没上,用所有的时间在工艺室里做手工,父母为他的前途忧虑万分,他对读书从来没有一点兴趣。离开夏山学校后,汤姆找到一份在照相馆洗照片的工作。当时他还在学徒期,尼尔在一个晚宴上遇到他的老板,老板对他的评价是:"汤姆是我雇用过的孩子中最好的一个。他从来不用走的——永远在跑。周末时,他简直成了一个大累赘,因为即使在星期六和星期日,他也不肯离开照相馆。"

案例:这样的教育是成功的吗

我教过这样一个男孩,智商在班级数一数二,成绩也总在班级前三,但他却总能做出一些令人震惊的事情。如体育课上,他与别的学生疯打闹,结果嬉闹演变成打斗。一位路过的老师看到了,担心他们受伤,上前劝导,他却充耳不闻,老师无奈之下只得上前强行把两人分开。结果这个男孩却指着老师的鼻子骂:"老子的事,用你管?"

作为这个男孩的班主任,我很惭愧,虽然这个男孩的成绩是优秀的,但我却不得不承认我的教育是失败的。如果对他不加以引导,或许他将来也会成为一个有成就的人,但他却不一定能得到领导的信任、同事的喜爱,不一定能享受到生活和工作的快乐。我倒情愿他像汤姆那样能够积极工作,快乐地享受人生。

诚然,我们或许无法完全复制尼尔的做法。但是我们可以借鉴尼尔的教育理念,努力为学生们营造一方自由成长的乐土。从梦想到现实的距离有多远?可能只是一个转身的瞬间,也可能只是一扇门的虚掩。

《哈佛家训》中的一个故事

从前,有一位国王,决定出一道题考一考他的大臣,以便从中选拔出智慧勇敢的人担任要职。他把臣子们领到一扇奇大无比的门前说:"这是我们王国中最大的门,也是最重的门。请问,你们当中谁能把它打开?"大臣们都知道,这扇门过去从没打开过,所以,他们认为这门肯定是打不开的。于是,一些大臣望着门不住地摇头，另一些人则装腔作势地走上前去看一阵，但并不动手，因为他们不想当众出丑。还甚至猜想，国王或许另有用意，所以，静观其变才是最稳妥的态度。这时，有一位年轻的大臣向大门走了过去，只见他双手用力向大门推去，门被豁然打开了。原来，这扇门本来就是虚掩着的，没有锁也没有插栓，任何人都能轻易地推开它。这个大臣最终得到了国王的奖赏，并获得了重要的职位。

相比尼尔校长，我只是一名普通教师，我知道自己或许没有能力去改变一个学校。但我对四五十个学生负责，我愿意怀揣着尼尔的教育理想，尝试着去推开夏山学校的那所大门，让学生们在爱与自由的环境中，在民主自治的氛围中快乐学习，愉快生活。

我相信，心有多大，教育的天地就有多宽，脚下的路就能走多远。让我们无惧风雨、一路前行……

（毕可静）

和善与坚定并行

——读《正面管教》有感

和善的重要性在于表达我们对学生的尊重。坚定的重要性，则在于尊重我们自己，尊重情形的需要。专断的方式通常缺少和善，骄纵的方式则缺少坚定。和善而坚定是正面管教的根本所在。美国心理学家、教育家简·尼尔森的《正面管教》一书，犹如黑夜中划过的一道亮光，照亮了我心中的彷徨与迷惘。

一、友善、尊重，赢得学生

新学期，我担任三年级的班主任。面对一群好奇而又陌生的面孔，我早早地立下了规矩：哪位同学如果在餐厅和午睡时说话、打闹，给班级扣分了，那么就需要家长中午来接送。开学一周，学生们表现良好，没有出现违规情况。正当我得意于自己的管教时，意外出现了。周二下午第一节语文时，浩轩走到讲桌旁，唯唯诺诺地对我说："老师，我中午吃饭时说话，被值日老师抓住了……""怎么回事,不是告诉就餐时不能说话吗?净惹麻烦!放学回家告诉家长明天开始中午在家吃饭和睡觉!"我埋怨道。"我没……没说话。"浩轩红着脸,争辩着说。"没说?没说老师能记你名字吗?""就是没说。"

僵持了足足五分钟,眼泪在浩轩的眼里打着转,我也被气得有些抓狂。正当我不知所措时,不由地想到了《正面管教》中所说的,友善、关心和尊重可以赢得学生的合作。于是,我便试着换了平和的语气说道:"是不是老师当着同学的面批评你,你感觉很丢脸?""嗯,我……我只不过说了一句话。"浩轩低声说道。"那么,以后能不能管住自己?""老师,我能!我以后一定不说话,不给班级扣分!"……

由于谈话态度的转变,浩轩感受到了我对他的理解与信任,而不再敌对地面对我。友善与尊重赢得了学生的合作,问题也就迎刃而解了。

二、鼓励、赞许,引领学生

欣雨是个留守儿童,父母在外打工,她从小便被交给爷爷、奶奶照看。她可以说从小到大深得宠爱,娇生惯养助长了许多小毛病,她的家长也不能正确认识和评价自己的孩子,哪怕是丁点儿小事,也要找到老师或学生家长理论……

对这样一个学生,我很长时间都没能找到"良药"。正好,学校开展国庆歌唱比赛,要求各班培养出优秀的合唱指挥。借此机会,我决定帮她一把,让欣雨担任班级合唱指挥。欣雨很是自豪,她也很努力,她精神饱满,指挥动作端庄大方,赢得了全班学生的一致好评,我也投给她鼓励、赞许的目光。渐渐地,欣雨变了,爱和同学一起玩了,抢着收拾班级卫生了,爱帮助同学了……家长开放日时,我邀请欣雨的家长到校了解孩子在校的表现,还与家长一起分析了孩子的优缺点,家校合力共同促进孩子的健康成长。

三、坚定、执着,成就学生

随着社会的发展以及社会价值取向的多元化,教育管理工作面临着前所未有的压力。以往"严厉型""娇纵型"的管教方式,难以适应教育形式的发展,对学生的成长也是不利的。我们更需要在民主、和善的教育管理中,让学生学会自我控制,让孩子参与到班级学习、卫生、纪律等方面规则的制定当中来。在和善的民主管理中,培养学生的主人翁精神,让学生在自我约束、自我教育当中感受到归属感和价值感,从而学会社会和人生所需的技能,形成尊重他人、关心他人、乐于奉献、愿意合作、勇于担当的良好品格。

和善与坚定并行,是正面管教的基石,二者有机融合方能获得长期积极的成效。愿我们在前行的道路上,始终坚守和善与坚定,为成就学生的美好人生打下坚实的基础。

(牛霄燕)

学理论 重运用

——读《如何说孩子才会听 怎么听孩子才肯说》有感

读一本书时,我们都会对书中的理论、实例产生认同感。在读这本书的时候,我就非常赞同书中的方法,有一种从今要成为一个儿子的好父亲、学生的好老师的冲动。那么,我们读书了,也掌握了理论知识,了解了沟通方法,我们就真的会运用这些技巧、方法教育学生了吗?答案是否定的。生搬硬套书上的原话或者对书中知识简单地模仿,不能走进孩子的内心,对孩子的教育是起不到作用的。只有在平日多加练习,勤加运用才会转化成内在的东西,才能被孩子接受。下面,我就分享一个我成功运用书中的理论与学生沟通的实例。

今年班上有一个叫祥的学生,不会与人沟通,活在自己的世界里。我还清楚地记得,一个周四的下午,我正在办公室里批作业,突然从楼道里传来祥的大声哭泣,整层楼的师生都应该听得很清楚。"是谁又惹了祥?"我的第一反应是祥被其他学生欺负了。当班长把祥带到我跟前时,祥还在大声哭泣,丝毫没有想停的意思。我知道,祥的情绪需要发泄完,哭累了才能停下来,所以我并没有打算安慰他,只是看着他。祥偷看了我一眼,见我没说话,就带着哭腔说:"我的陶笛碎了,我再也不想要它了。"这明显是带着情绪说的话。看来他是希望得到我的关注,所以才说了带情绪的话。祥哭的声音更大了,甚至还加上了一些肢体动作,双手不断揪自己的头发。正在我感觉无助的时候,想到了书中介绍如何帮助孩子面对自己的感受的方法。于是,我专注地听着,然后很自然地随着祥的哭诉用"哦……""嗯……""这样啊……"这样简单的话来回应他的感受,祥在我的回应中可能也整理了一下思路和感受,哭声竟然小了很多。"陶笛摔碎了,你感到非常痛心。"我试着说出祥的感受,让祥也感觉到我能理解他内心的痛苦。他竟然一下子停止了哭泣,看着我说:"我爸爸给我买的这个陶笛花了好多钱呢。""所以你觉得特别惋惜。"我接着用书中介绍的用幻想的方式继续对祥说:"如果陶笛能具备自我修复功能就好了,这样你就可以有一个新陶笛了。"祥带着大鼻涕一下子笑了,然后我们俩一边愉快地聊着,一边向教室走去。

运用语言技巧的关键是我们的态度。所以在祥放声大哭的时候,我选择认真地倾听,让祥的情绪得到充分的宣泄,这个时候,我再说出他的感受,就特别容易和他产生共情。如果我没有认真倾听,无论我说什么,祥都会觉得我是虚伪的,是想对他进行控制,他自然就不会合作了。为了能看到学生的内心变化,真正走进学生的内心,教师需要不断演练运用书中的理论,这样,才能在学生的叙述中确定他的真实感受。最后,我想说,读书一定要在学理论的同时注重运用,不断实践,否则就会成为死读书、读死书,也就失去了读书的真正意义。

(王虎)

用心耕耘　静待花开

有幸读到李镇西老师的《教育的初心》,对于作为一名青年教师的我来说,它就像一面明亮的镜子,让我看到了李老师是如何让自己的爱心之树在教育的岗位上扎根成长。书中让我感触最深的一句话是:"在课堂模式、教学方式以及学生评价方面真正面对每一个具体的孩子,让'尊重个性''因材施教'成为每一个教师的自觉。"这其实是要班主任必须充分地了解每一名学生,尊重学生的个性差异,并且针对每一名学生的具体条件,帮助他们得到最适宜的个性发展,而且教师不能以任何理由忽视任何学生。

了解差异

了解差异,先要了解学生。李镇西老师说:"学校教师应该真正有一颗理解儿童的心,或者干脆说应该拥有孩子一般的心灵。如果我们能用一颗童心去分享学生的快乐、分担学生的忧愁,把学生当成自己孩子一样看待,相信一定能与学生打成一片,离他们更近一点。"班上最调皮的男生小豪,下课的时候非常喜欢招惹别的学生,经常会有关于他的小报告,他给班上其他学生留下的印象是"喜欢欺负同学",其他任课老师也反应他上课偷着玩,不学习。因为他是坐班车的学生,早上来得特别早,那时班上的学生也少,我就趁早上的时间,拉着他的手说:"我们聊聊天儿吧!"跟他交谈后发现,他其实是一个很爱劳动、很喜欢帮助别人的学生,老师和同学都批评他,他就没信心,也排斥学习了,他也能意识到自己的不对,委屈地跟我说:"老师,我不是故意的,我就是想跟他们玩。"于是,我把更多的机会给了他,早上让他帮忙拖地,上课让他发言,课后我还会跟他说悄悄话:"你今天真棒!"渐渐地,小豪找回了信心,学习也进步了很多,小报告也没了,他现在是班上的劳动小标兵。当面对学生的错误时,我们要理解、宽容,并加以引导;当面对学生的优点时,要欣赏、赞美,并加以鼓励,这样可以缩小师生之间的距离,全面了解学生。

关注差异

世界上没有完全相同的两片叶子,人就更不一样了,每个学生都有自己的特点、兴趣、情感……当面对学生不同的个性特点,我们要善于发现他们身上隐含的闪光点,及时给予充分的肯定,同时创设一些让他们发挥才能、表现自我的机会,不断地鼓励他们,提高他们的自信心,让他们放出更加耀眼的光彩。有一天晨读时间,我在走廊里就听到从教室里面传来了大声的吆喝声,肯定又是小豪在教室里面捣乱。我故意非常大声地咳嗽,"快点老师,来了",接着又是脚步声。走进教室一看,学生们都在装模作样地读书,特别是小豪,眼神还时不时地瞟着我。我装作非常吃惊地说:"哇!今天大家读书这么认真啊,特别是小豪,很棒,第一颗读书之星送给你。"一次机会、一个鼓励,给我带来了意想不到的惊喜。从那以后,学生们装模作样地读变成了全神贯注地读。因此,教师要善于发现学生身上的优点,哪怕有时候是学生的伪装,一瞥爱抚和信任的目光、一句关心和爱护的只言片语,都会产生巨大的鼓舞和力量。

尊重差异

每个学生都是不同的,教师一定要尊重并接受学生的差异性。比如说同样的学习任务,对一些学生来说易如反掌,而对另一些学生来说,意味着"又要熬夜了",这就要求我们在作业的布置上摒弃"一刀切"的做法,应该根据学生不同的学习基础布置难度和数量都有梯度的作业,让每一个学生都能根据自己的情况有效地完成作业。特别是对于个别特殊学生,甚至应该允许他们不完成作业,再给他们一些时间,再给他们一些帮助。作为教师,我们的初心在于让学生成长,任何时候,我们都要和学生站在一起,打败问题,而不能和问题站在一起,打败学生。我们要尊重学生之间的差异,而不是一味地批评、指责。

每个学生都是一颗花的种子,只不过每个人的花期不同。有的花,一开始就会很灿烂地开放,有的花则需要漫长的等待。作为教师的我们,要多角度地看待学生,同时以期待的心情去关注学生的发展,这时你会发现每一个学生都是那么优秀。

（于海丽）

好好说话 说"好话"
——读《教师积极语言在课堂中的运用》有感

不管是家长还是孩子,老师还是学生,都希望自己的语言能为自己,也为他人带来愉快的体验和愉悦的心情。因为好的、积极的语言能激发听者的自信,能建立好的人际关系。

教师希望能让学生自信、愉悦地享受学校生活,这一想法能否实现,关键在于教师的语言表达。参看名师的课堂,他们的魅力不止在于课堂的行云流水、一气呵成,更在于语言的魅力,恰到好处的语言提示、积极肯定的语言评价、风趣幽默的语言对话,都深深地抓住了学生的内心,让学生能真正地沉迷于课堂之中。

我一直遗憾自己的语言的贫乏,不但是表现在课堂上,就连自己的家庭生活中,也经常出现负面的语言。

偶然间,我在工作室拿到了一本《教师积极语言在课堂中的运用》。接到书的那一刻,我以为是本专业性很强的书,便随手把书扔在了沙发上。突然有一天,我翻起了这本书,这一翻便一发不可收,因为这本书恰巧是我需要的,是我欠缺的,我兴奋于从书中找到了自己的良师益友。我想,不单是我,这本可能很多父母、教师都需要。

书中告诉我们怎么向家人表达爱,向身边的孩子表达爱,让家人和学生感受到爱。为了让自己更好地掌握这本书的精髓,我标记着、摘抄着,一遍又一遍地翻看,每一次都有不同的收获。我能感受到从书中汲取的力量,我相信如果能运用到生活实践中,会让我上升到一个全新的高度。

该书分为三章。第一章"积极心理学概述及积极语言的基本解释"主要对积极语言研究的基本问题进行了讨论,介绍了积极语言模式的建构思路、基本解释和语言层次,分析了不同文化背景下的语言应用特征。第二章"积极语言如何培养学生各种积极心理品质"围绕教师最关心的积极心理品质,如好奇心、创造力、开放的思想、谨慎、自制力、热爱学习、宽容、真诚、感恩、幽默,通过课堂情境分析如何应用积极语言引导学生习得这些品质。第三章"积极语言经典实验及应用案例"介绍了积极语言的不同语境测试实验、积极语言研究框架及应用实例。

学习整本书后,我对不同的章节有不同的理解和认识,下面就是我的一些收获与启发。

一、"好话"配"好脸",赢得学生

班主任们经常在一起交流带班的经验,常常会提到以"严"治班的方法。从治理班级来说,一些教师的观点是要想让学生们听话,就是不能给他们好的脸色,更不能随便说话,要树立一种威严感,要用自己的威严"镇"住学生,否则学生们就会"蹬鼻子上脸,无法无天了"。恰巧,也有一部分家长的教育观点是希望老师严厉管教,他们信服的是"严师出高徒"。同时,现在的一线教师的内在压力来自各种检查、抽查、考核等,教师苦不堪言,压力倍增。为了将校园的各种规章制度的快速落实,为了让学生更"好"地遵守纪律,很多教师在班会或者班级管理中经常出现"不能""不行""不要""不准"等词,再配上教师一副"冰冷"的表情。这样看似短期内达到了效果,能让学生暂时地"遵守"规章制度,但是离开了教师、家长的监督,学生就会试探挑战各种规章制度的底线。显然这种方法治标不治本,这和尊重学生身心发展特点和教育规律是不相符的。与之对比的是书中的有关"好脸与好话"的案例:一位学生因为在物理课堂睡觉,老师对他并不是批评指责,而是温和地邀请他去办公室补课。当时的语言对话情景如下。

师:"你能来,我就非常高兴了,谢谢你,说明你知道上课不应该睡觉。"(这

里指出错误的方法非常高明,老师对学生说"谢谢你",表达出了对学生的行为的理解,体会了学生的感受)

生不敢相信自己耳朵,抬头看了老师,感觉老师那么善良、可爱。

师:"现在,这事翻过去了,趁课间,我来把课堂的知识再给你讲一遍。"

从办公室出来,这位学生就已经下定决心好好学习。

老师给了学生"好脸",学生充满自信并立志学好物理。这位老师就是将积极心理学的幸福观念通过积极的语言传递给了学生,成为学生内心深处的导师。

如果我们都用"好话"和"好脸"来让学生"跑着"去做一件事情,会让我们"赢得"学生,还会让学生树立自信。教师可以多尝试、多应用,同时找到自己职业中的价值和成就感。

二、"好话"要多说,激发学生

诸葛亮在赤壁之战中说过"三寸之舌,强于百万之兵"。要更有效地激发学生潜能,就应多用正面、积极的语言,多说我欣赏、我尊重、我期待、我相信、我理解、有提高等词语,共情学生的感受;尽量少说或者不说没出息、不认真、不努力、不专心、讨厌等消极词语。

"你的作业写的什么?那是字吗?"

"看作业的字,就知道你写作业时的态度不认真。"

"满篇的错误,你上课睡觉了吗?"

"你这样不专心听讲,难怪错题那么多。"

这样的语言会强化学生的行为,造成消极的学习后果,学生们听到了会对老师失去好感,从而对学科失去兴趣,甚至会认为老师不喜欢他,造成学生自卑的心理,把学生积极向上的火种彻底浇灭。

应该怎样引领呢?

"你是不是遇到了什么事情?在老师心中你是个写字很认真的学生,我相信你不是故意的。"

"你把这几个字认真写整齐,让老师看看,你可以认真地写。"

"出现了错误,你肯定很难过,没关系,因为老师看到了你的努力,只要不懂就问我,咱们一定能提高。"

这样的说话方式让学生知道该怎么做能让老师满意,而不是怎么做老师都不满意,这样的教育才有效率,既肯定了学生向上的天性,又让学生对老师产生了亲近感,就会形成向上的积极姿态。

三、"好话"藏暗示,鼓励学生

一些教师在情绪激动的时候会当着学生的面向家长诉说学生的种种"劣迹"。很多家长常常在教师面前也回应着说"他就是这样不听话""他就是不爱学习""他做事就是不认真"等负面的附和语言。其实在学生看来,他们记住的是"不听话""不爱学习""不认真"等暗示,会误解家长和老师期望他们成为这样的人。他们会越来越不听话,越来越不爱学习。语言的暗示力量是巨大的,所以教师要善用暗示,充分发挥暗示的积极作用,对学生施加影响。如上面案例换种方式说给家长听,但又让学生听到:

"你知道吗,今天孩子主动帮助学生打扫卫生,真是热心肠!"

"你知道吗,孩子今天在课堂上很努力地在听讲,抽查的问答题还响亮地回答了。"

这样会给学生传递一个信息:"啊?老师说我热心?是吗?我明天还会更热心帮助别人的,回家我还要帮助妈妈做家务!"这样,学生热心的品质就会被激发出来。

"我就回答一个问题,老师就告诉父母,看来我要认真听讲,下次回答两个问题。"这就是积极的暗示,换个方式让学生感受到被关注后的喜悦,重新来调整自己,做最好的自己。

新的学期已经开始,我从开学已经尝试把积极语言运用到课堂中、班级管理中。我发现,训、吼的方式被积极语言替代之后,学生们都很乐意参与每一件事,主动参与到纪律的制定与遵守当中,激发自己内在的动力,每个学生都有了自己是小主人的意识,都能找到自己自信的地方。而我,作为教师,更有动力,更有期待,更有信心地去继续探索和实践积极语言在课堂中、工作中以及家庭中的实用技巧。

教师最大的乐趣就是让学生发现自己的优势,挖掘自己的潜能,做自己喜欢有兴趣的事,让学生有积极的态度和行为,更愿意服务于班集体或团队。那就尝试运用积极语言吧,好好"说话",学生才会听,才愿做!

（于玲）

享受生命　轻松生活

——《为心灵解压：一本写给教师的心理自助书》读书感悟

一学期都在忙忙碌碌中度过，我实在没有时间静下心来好好读本书。假期时我在家陪孩子，想给孩子潜移默化的影响，就顺手拿了本《为心灵解压：一本写给教师的心理自助书》，没想到自己竟一下子被带到了另一个世界，一个平和、感恩、心灵纯净、幸福的世界。我看着里面的故事，感悟着生命的真谛，浮躁的心瞬间变得宁静、淡然……

该书精选教师最常见的心理困扰，按照"心理调节""师生关系""家庭关系"和"事业成就"四个部分，结合典型案例提出问题，用心理学的观点展开讨论。其中"测试环节"帮助教师进行自我诊断，"温馨建议"中提出调适的方法。第二部分的师生关系篇中有关教师应如何公正地看待学生的内容使我受益匪浅。

"你无法决定天气，但能改变心情；你无法选择出生，但能掌握命运。"这句话让我眼前一亮，因为它触动了我。是啊，人生不正是由一个个故事、一个个问题连接而成的吗？在生活中，无论我们是做什么的，无论我们正处于人生的哪一阶段，我们都会有各自的故事。"每个人都有改写自己故事、重新安排自己定位、调整内容的力量。"天生我才必有用。每一个人来到这个世界，或是金子或是钻石，或是大河或是小溪，或是大树或是小草，即使是沙石、泥巴，也是建筑高楼大厦不可缺少的有用之材。作为教师，无论是我选择了教育，还是教育选择了我，我都已经走上了这个岗位，就应该珍惜、尊重自己所从事的职业，让其成为自己的事业，为了学生，也为了我自己。

书中写了丑恶与善良、开心与难过。在强烈的对比中，我看到了自己生活的影子。我感触最深的就是人要时刻怀着一颗感恩的心。学会感恩，这是一种美德。我们要感谢我们的父母，是他们给予了我们灵动的生命，是他们为我们日夜操劳，不遗余力；感谢我们的老师，是他们丰富了我们的内涵，是他们让我们茁壮成长；感谢我们的朋友，是他们快乐了我们的人生，是他们让我们懂得友谊。古人云：滴水之恩，当涌泉相报。生活在大千世界，我们每一个人都或多或少受过别人的帮助。有的也许是令人毕生铭记的慷慨，有的也许是微不足道的绵薄之力，无论哪一种帮助，或许都足以改变我们的命运，值得我们感激一生。感恩不仅给别人带来了快乐,同时也温暖了我们自己的人生!

阅读这本书,我知道了我们更需要的是精神食粮,而这本书就是能够给我们启迪、能够净化我们心灵的精神食粮,它凝结着历史的经验、现代的智慧和思考。我清楚地记得书中有这样一位老人,他头发花白,身上穿着一件旧夹克,脚上穿一双绿色的解放鞋。看似那么平凡的一位老人,手中却攥着一颗圆溜溜的粉红色棒棒糖。他顽皮地把糖放在眼前端详了一会,吸了吸,又把它塞回嘴里,继续慢条斯理地踱着步子,在大街上走着。看到这里我不禁笑了起来,这是一位多么可爱、率性的老人啊,他是如此肆无忌惮,全然不在乎别人会拿什么样的眼光来看他。想想在生活中,有多少次,我们为了顾及面子让难得的机会一再溜走;有多少次,我们为了顾及身份,隐藏起自己的本性,天天戴着面具生活;有多少次,我们为了顾及别人的看法而没有做该做的事,追悔莫及;有多少次,我们为了顾及那些本不该顾及的一切而犹豫不决,浪费光阴……

其实我们的身边是充满了爱的。因为有爱,所以人与人之间得以互动,维持人际关系的和谐。也许一个人付出的关怀在大环境之下显得非常渺小,但仍然有它的力量和作用。每个人都有付出关怀的能力,只要肯付出真爱,即使是一个关怀的眼神、一个灿烂的微笑、一个温暖的拥抱,都会让接近你的人有如沐春风的感觉,身旁的世界也会因此更明亮,所以不要忽视爱的力量,因为它有时候可以改变一个人的未来。感恩与爱是我们学习一辈子都无法完全掌握的一门重要课程,它在我们生活中无处不在。但"活到老,学到老",人生一辈子几十载,我们有的是时间慢慢摸索。

有人说,人最可悲的事情,就是人死了钱没花了。这句话用诙谐幽默的方式告诉我们,生活除了金钱,还有许多东西。想想看,当你为了挣钱忙得焦头烂额,甚至脸都顾不上洗、饭都顾不上吃的时候,为什么不一把甩开,到外面呼吸一下新鲜的空气,欣赏一下路边无名的小草。在累了的时候,在找不到目标与方向的时候,想想那个手中拿着棒棒糖的老人,然后给自己的生活松松绑。

总之,看完这本书之后,我最想说的就是——我们要用微薄的力量为社会作一定的贡献和付出,在这个过程中,要试着学会享受生命,轻松生活。

（于明珠）

幸福、快乐、成就——我的课堂

我是一名普通的教师,当我静下心来读《教师人文读本》这本书时,被里面的文章深深吸引住了。我们每天面对的是我们的学生,他们天真、可爱、充满生命的活力和幻想,他们对我们有无限的信任和敬慕。我们付出了爱,得到的是更多的爱。

读过《教师人文读本》这本书,我感受最深的是爱,对教育、对学生贯穿始终的爱。每当看到书上的某一个片段,我总是不停地反思和感叹。反思自己对待学生的态度,感叹自己的平凡,平凡得没有一双慧眼,去发现学生的长处与潜力,平凡得没有一双巧手,把学生引领到更加广阔的天地中去。我觉得要给学生带去幸福和爱,我首先要做一个拥有幸福感和成就感的教师,如果教师自己都感觉不到幸福快乐,又如何教出幸福快乐的学生呢?

一、带着幸福感上课

做一个幸福快乐的教师,要来自内心,发自肺腑,从生活中的点点滴滴做起。丁老师通过大量教育方面的例子阐明,做一个幸福快乐的教师,要有教育的激情,要有一颗温暖善良的心,做一个真诚的人,懂得用爱滋润心田,富有让人感动的情感和魅力,还要勇于在学生面前流露真情;要有教育智慧、一双教育的慧眼、一颗想象的心和一副机智敏感的头脑;要有教育敏感,懂得用教育的眼光看平凡的事情,用教育的热情发现身边的契机;要保持心态的平和,不能有功利之心,同时要克服职业的倦怠。而所有的这些,来自什么?我认为正是一种把教书育人当作自己喜爱的事业的心态。认真地对待、精心地思考、全力地付出,只有这样,才能把教书不仅仅当作一份职业,更是追求的事业。作为一名基层小学教师,我始终坚信:幸福,其实是一种心态,也是一种态度,只有心态平和了,才能感受到教师职业带给我们的幸福感。我们要学会感恩,感恩社会、学校、家长和学生,感恩他们给我们提供了一个施展才华的平台。人,只有常怀感恩之心,才能真正地体验和享受到工作给我们带来的满足与幸福。

二、带着快乐感上课

快乐是动力之本,是激情之源。教师带着好心情走入教室,给学生一个灿烂的微笑,学生也会心情舒畅。教师精神抖擞地进入课堂,给学生一道美丽的风景,让学生感受教师的美,学生幸福快乐了,教师也就成了幸福快乐的人。教师要学会自我的心情调节,不被外事干扰,不带情绪进教室,不因个别学生的调皮而生气,始终保持好心情给学生讲课。教师要学会课堂氛围的控制,做快乐氛围的制造者和维持者,让学生始终在快乐的氛围中愉快地接受新知识,学习新知识。"哪里有快乐,哪里就有兴趣,哪里有兴趣,哪里就有记忆。"事实证明,在快乐的氛围中,人的记忆力、感知力、控制力都会比平常好,对新事物、新知识的学习会起到事半功倍的效果。教师要把自己培养成知识渊博、快乐幽默的人。没有渊博的知识,就不可能成为学生心中的偶像。学生只有带着对教师的崇拜去学习,加上教师的幽默感,学生才会越来越爱学习,学习的主动性和积极性极大地提高。

三、带着成就感上课

保持长期的快乐和幸福,需要一份成就感来支撑。一名懂得幸福和快乐的教师会因学生每一次的小进步、每一个新知识点的掌握、每一个正确的回答而骄傲。

幸福、快乐、成就是一个教师成功的秘诀,我正努力地朝着这个方向迈进,让自己带给学生更多的幸福和快乐。

(丛玲玲)

打开孩子了解母亲的窗口

儿子进入青春期后,开始对我抱有批判性的思考,动不动就言语过激,叛逆心重。作为一名教师,我采取过大棒政策,也尝试过迂回战术,但往往只能解决眼前之急,却无法从根本上解决问题。结果我们母子俩常常歇斯底里,不欢而散。

假期里,我和儿子共同阅读了沈石溪的动物小说《狼国女王》。通过母狼紫葡萄的故事,我引导儿子从狼妈身上解读"母性光环",从而让儿子理解我。经过一个暑假的阅读,我和儿子产生了共识共知,达到了共情的境界。

每位母亲都自带柔韧的光环

当狼王盔盔与孟加拉虎争锋夺食，不敌身亡后，众狼依照丛林法则，分而食之，紫葡萄觉得，把光荣牺牲的狼王盔盔当作一顿晚餐撕碎啃食，是对已故狼王的一种亵渎，是对生命价值的一种践踏，更是对它的感情的一种蹂躏，它是决不会答应的。

当众狼为争权而不惜一战时，当帕雅丁狼群面临狼王更替所带来的灭顶之灾时，紫葡萄很犹像，内心十分矛盾。为了四只小狼，它迈出了第一步，接受了朵朵菊的推荐及众狼的臣服，从此走上一条有异于丛林法则的道路。读到这里，我跟儿子聊了这样的话题：你的老妈像不像紫葡萄？

妈妈是家庭里柔韧的存在，像是家庭成员的柔顺剂。从儿子的视角里，他看到了妈妈的柔韧，姥姥、姥爷生病了，爸爸出差在外，妈妈每天早出晚归，从学校到医院，从医院到家里，从来不喊一声累，不叫一声苦；不管多大的事，多大的困难，妈妈都能迅速安排好各项事情，准时把他送到各个辅导班；妈妈尊敬老人，友善兄弟，用自己的默默奉献，周全每一位家庭成员。

每位母亲都有宽容的胸怀

当背弃族群的歪歪脖回到族群，众狼都认为要驱逐叛徒，并等着看歪歪脖要么流浪，要么饿死。而歪歪脖又自尊心作祟，不想吃嗟来之食，也不愿意在公开场合接受臣服仪式。在紫葡萄单独外出喝水时，歪歪脖截住紫葡萄，并表示臣服。这个时候紫葡萄没有拒绝，也没有发怒，而是"怀着错怪的内疚"舔了几下，表示接纳它重返帕雅丁狼群。

当旱季到来，宛漠狼群因饥饿问题与帕雅丁狼群展开领地之争，双方不共戴天，势不两立。紫葡萄率领狼群出其不意地打败了宛漠狼群的首领发冲，俘虏了发冲的妻儿。正当众狼以为残撕发冲妻儿、宣扬领地威风的时刻到了，紫葡萄却不顾众狼反对，动了恻隐之心，放走了发冲妻儿。

"紫葡萄应该让歪歪脖重返狼群吗？应该因一时不忍而放走敌人妻儿吗？大是大非前，母亲应该选择坚持还是宽容呢？"

对这一连串的疑问，儿子的答案是："尽管说应该坚持原则，但紫葡萄却能够给予叛出的子民、敌人的儿子宽容，为什么妈妈你却总是像对待敌人一样对待我？成长过程中犯错误不是很正常的事吗？我希望妈妈能用宽容的心态来面对我成长中的错误。"

如果说父亲是铁的森林法则，母亲就是水的森林幻想。芭芭·索尔夫说："母性力量胜过自然法则。"在对紫葡萄的解读中，我和儿子都找到了对母爱的定位。

每位母亲都有必然存在的软肋

当鲁莽的儿子黑狮鬃没等紫葡萄发出命令，就轻敌贸进时，紫葡萄没有像对待其它狼一样嗥叫制止它，反而是"没有任何犹豫，没有任何迟疑，立即纵身一跃，紧跟在小公狼黑狮鬃后面向那匹白马冲了过去"。它知道黑狮鬃的鲁莽，但又期待它能够成为真正的公狼，像它的父亲一样成为狼族的英雄。首领对子民的管理，让它用最严厉的眼光进行制止，但母亲对儿子的期待，又让紫葡萄不顾危险，暴露种群，勇往直前。

于是，我接着跟儿子探讨："那你觉得紫葡萄该如何对待自己的软肋呢？"

"妈妈，你其实是想问，你该如何对待你的软肋我吧？我们对待自己的软肋，有可能会刮骨疗毒，也可能直接剐肉去骨，但我希望妈妈不要把我当肉剐去，当骨剔除。换个角度想，我应该是妈妈心口最重要的那块骨，剔除了是不是也就意味着死亡？我有的时候只是为了证明我的重要，不是为了证明我很正确。所以，我希望妈妈能够像紫葡萄那样，面临难题，面对儿子成长必然要经历的叛逆时，能够承认并表现出一点点软肋的疼痛，而不是强硬得不死不休……"

狼妈紫葡萄有自己的爱情、亲情，也有自己的族群担当。在群狼无首、族群将灭的困境中，紫葡萄出任狼王，以母性的光环带领群狼繁衍生息，最后因为大爱合并了宛漠狼群，壮大了种群力量。

荀子说："不登高山，不知天之大也；不临深谷，不知地之厚也。"不阅读经典，不从经典入手，又怎能增加彼此的情感了解呢？在《狼国女王》的亲子共读中，我和儿子从观照紫葡萄出发，进行了母子对话。如果你一直苦于与孩子的交流找不到入口，那么拿起书本吧，找到彼此喜欢对话的人，共同交流，打开让孩子了解你的大门……

（王晓丽）

书——我生命中的阳光

"喜欢读书,就等于把生活中寂寞的辰光换成巨大享受的时刻。"这是孟德斯鸠的一句名言。

回首四十多年的成长岁月,不论是阳光普照的清晨,还是风雨交迫的午后,在我人生的不同阶段,书都以同样的执着陪伴着我,教我谦逊,催我奋进,成为我人生旅途中的领航人。

童年——找寻阅读的乐趣

记忆中的童年已比较模糊,唯一真切的记忆是躺在妈妈的怀里听故事。《牛郎织女》《天仙配》《狼来了》……,这些家喻户晓的故事就是那时候听来的,我想也就是在那时,我对神秘的书的世界有了最初的渴望。虽然那时的我天真的小脑袋里还没装上几个成形的文字,但闲暇时仍喜欢捧着一本厚厚的小人书,静静地坐在凳子上,煞有其事地翻上几遍。或者穿上哥哥的大长褂,戴上爷爷的老花镜,然后召集小伙伴到我家院中集合。我俨然一位老夫子状,边踱着方步,边把自己理解的内容用不太连贯的语言讲给他们听。尽管如此,小伙伴们仍然听得津津有味,眸子里不时露出几丝羡慕的神情。每当此时,我的内心总会浮起几许得意。而这一切都归功于我那位不会说话的老师——书,也许就是在那时,我深深地爱上了书,并找寻到了阅读的乐趣。

学生时代——享受阅读的收获

不知不觉,带着对书近似疯狂的崇拜,我踏入了菁菁校园。我至今仍无法忘记踏入校园第一天那种神圣的感觉和那初次的誓言:"好好读书,读尽天下书。"书就像一块巨大的磁石,深深地吸引着我,把我带到古老原始的大森林,带到渺无人烟的荒漠,带进神秘莫测的大海,带进匪夷所思的科幻世界……通过书,我认识了雷锋,结识了全国十佳好少年赖宁,还曾带着纯真的梦想走进安徒生笔下的童话世界。

乘着时光的列车,我踏上了青年的旅程。这时的我已不满足于看一些儿童书籍,而是向世界名著进军。我曾随着曹雪芹先生漫步于《红楼梦》中,为林妹妹魂归离恨天而感慨万千；也曾和夏洛蒂·勃朗特女士一起为简·爱战胜命运而喝彩；还曾和勒萨日先生一起跟随吉尔·布拉斯体验流浪的生活……

工作中——汲取阅读的营养

告别了幸福的学生时代，走上工作岗位的我，深切地感受到自己教育理论的贫乏，同时也感觉到自己的课堂教学缺乏艺术性和灵动性。于是无助的我再一次把求助的目光投向了书。

一、与教育类书籍一路同行

曾有一位家长对我说过这样一句话："孩子刚开始不愿意学数学，因为他很怕您，后来在您的课堂上他发现数学里有那么多的奥秘，慢慢地被吸引了，现在特别喜欢上数学课。"这位家长无意间的话，引起了我深深地思考，今天怎样做教师？传授知识与思想教育哪个更重要呢？这个问题困扰了我许久，直到寒假中的一天，我在家里闲暇无事，拿起王晓春老师的《今天怎样做教师》，在里面发现了这样一段话："教育首先是人对人的影响，人与人的交流，知识在一定意义上说只是大家交流的话题和媒介。我们到底是在学习知识的过程中促进人与人的交流，还是通过人与人的某种关系（例如管理）来完成学习知识的任务呢？这是两条不同的思路。我赞成前一条。人不能成为知识的奴隶。知识是力量，而掌握这力量的是人。"这不正是我苦苦思索而不得的答案吗？自此，我便与教育书籍结下了不解之缘，每当工作中遇到困惑，我便会在书籍中寻求解决的方法；每当备课遇到疑惑，我也会在书籍中寻找突破。如今，教育类书籍已成了我的案头必备。《数学课程标准》为我的课堂教学指明了方向，《班主任兵法》为我的班级管理出谋划策，我曾对永正老师的《课堂实录》爱不释手，对他精湛的课堂设计赞叹不已，刘延安老师《圆的认识》一课的设计思路至今让我回味无穷……

二、采集童书中的雨露芬芳

我从未想过要给自己买一本童书来读，不是不喜欢，而是感觉这样的书除了能给自己平添几许快乐外，应该不会有别的收获。直到邂逅《窗边的小豆豆》，书中小林校长的教育方式带给我很多全新的认识和感动，也让我深深地思考。这本书彻底改变了我对童书的认识，因为它对我的教育思想进行了一次全新的洗礼。此后，阅读童书成了我生活与教学的一部分，《爱的教育》让我在感动中走进了孩子们的情感世界，《尼尔斯骑鹅旅行记》让我在尼尔斯的变化中看到了教育的曙光,《草房子》让我在桑桑、小康、纸月的不同阅历中感受到了童真的那份美好……

书,已伴我走过了人生懵懂青春的旅程,我相信,它会伴我一生一世,如同我生命中不可或缺的阳光。茫茫风雨中,书与我同行,为我撑起信念的伞;崎岖山谷中,书与我同在,为我指点迷津;光明大道上,书与我同奔,为我喝彩,催我奋进。

(毕可静)

阅读·深耕

我是特意捕捉了清风、乐声和野芳,录在这里,专门用于鼓励自己,就算是不定期地给自己献一小朵小花吧——真诚美丽的文字,正是心灵开出的花朵。也有沉重和迷惘。但我的文字,往往略掉了疲惫、沮丧和困苦——无涉乎诚实、全面与否,这是我的选择——有意地,我将目光投在了值得的地方。

——薛艳萍

我一直都很喜欢薛艳萍老师的书,暑假中断断续续阅读了《给我一个班,我就心满意足了》这本书。我感觉薛老师是那样朴实、平易近人,在每一页侃侃而谈。我为她的真诚、朴素而感动,为她对班级管理和语文教学的率性和驾驭之力而慨叹,更为她的博览群书和语言功底而深深折服。

薛老师的真诚洋溢在字里行间。她不掩饰对借读生曾怀有偏见,但当借读生赵亮转学后,她又进行自责式的反思:"我对他笑得太少……从今以后,无论是谁,只要进到我的教室,喊我一声'老师',就是我的孩子。"千教万教教人求真,如果一个教师缺少了"真",又怎能教出"真人"呢?所以在她的课堂里,才有学生与她毫无顾忌地争辩。这种民主的学习氛围不是刻意为之的,而是早已成了师生之间学习和生活的方式。

每读到这样的一段文字,我就情不自禁地与自己日常的教育教学相联系。

当我一遍遍指责学生时,当我一遍遍耐心地给学生补差时,当我一次次压着学生的作业时,可否想到过学生那柔弱的自尊心? 有没有让学生看到过自己劳动的收获呢? 除了怨声载道,教育给我留下的还有什么? 鞠老师在书中毫不掩饰自己对学生的爱,而这份爱总让人觉得自己与其他人有所不同。

作为班主任的薛老师除了智慧,还有机智与可爱。当调皮的张源带电子宠物被同学揭发时,张源也揭发大多数人同样带有电子宠物。一场风暴似乎正在酝酿。此时,为了让众多眼睛不再盯着张源,薛老师巧妙地给他指出了两条路。"无论如何,学生不能成为管理的工具。保护他,教给他做人处世之道,这才是我们班主任的职责……"我相信,薛老师已不仅是把班主任作为一种工作,她对学生的大爱隐含在她的一切教育活动中。

其实爱学生也体现为尊重,尊重学生的人格、个性、差异、劳动、隐私。可能你会觉得你尊重学生,但是并不意味着学生都尊重你,那么,你就要有思想准备,教育的艰难就在于把我们自身优秀的素质,用教育的智慧移植到学生身上。

"站在讲台上,我就是语文。"薛老师有自己的思想,不唯教材教参。"绝不上违背理性的课,哪怕是为了获奖。"她反感有的名师用同一种教案到处上同样的课。于是,她在三个地方讲同一篇课文,竟拿出三种不同的教案。她带领学生"大量地、高品位地读,自由地、诚实地抒写,勇敢地、大胆地思考";她坚信并执行自己的语文学习之道;她的课堂掌声不断,笑语连连,如园丁挥动锄头,"要怎么掘,便怎么掘"。她动情地说:"如果给我丰厚的收入和足够高的职位,我还会要求更多的东西。然而,只要他们是爱我的,给我一个班,我就心满意足了。"有谁能怀疑这种满怀喜悦的赤诚呢?

书中薛老师的阅读观点深得我心。她每天都要大声朗读一小时,或在旷野,或在空屋子,或在自己的学生面前,尽管他们不一定能懂,但这也是一种熏陶,熏陶得这群小学生都成为爱读书,甚至爱大声读书的人。读书是一辈子的事情。重要的是日不间断和兴致勃勃。只要在读,只要这周比上周进步了,就值得高兴,就应该鼓励。她认为,一切阅读皆关教育,与生同读,不亦乐乎? "鱼儿养到大海里,想它小都难呢。"这是她的名言。细想想,何尝不是如此?

我喜欢她,是因为她的实在。也因为她的实在,我模仿她、学习她时,也是那么有效,那么自然。

(于明珠)

最是书香能致远

　　教师的专业成长，离不开阅读专业书籍带来的丰厚积淀。近来，工作室推荐阅读的是《学习治疗手记》一书，细细读来受益颇多。学习治疗师宋少卫在书中，根据二十余年教育教学经验和心得、学习治疗理论和案例分析等，对孩子学习过程中的各种问题，结合孩子生活习惯、家庭环境等因素，从学习系统的角度进行深入分析。

　　宋老师书中的观点新颖而有科学依据，让我在工作、生活中的一些困惑豁然开朗。记得几年前参加市级的班主任培训，讲到学习要遵循孩子的年龄特点进行教育教学时，专家特意讲了自己孩子学习拼音字母"e"的经历。他的孩子总是把"e"倒着写，即使老师家长给她多次纠正，效果仍不理想。后来这位专家打开孩子的课本，发现在字母"e"旁边，画着一幅白鹅在水中游泳的插图，水中鹅的影子正是倒写的"e"，而一年级的孩子对于图画的关注是优先于文字的。当时听到这个讲座，我心中挺有感触，教学工作不仅仅需要具备学科知识，还需要了解孩子各年龄段的认知特点，但是再深入、科学的分析却是朦朦胧胧。如今读到《学习治疗手记》时，我才知道这是孩子感觉统合失调的表现。

　　什么是感觉统合呢？感觉统合就是把各感觉器官（视、听、嗅、味、触、前庭、本体觉）接收的信息，经大脑整合，再支配身体作出精准反应的过程。当大脑接收信息、处理信息、做出反应过程中，某一环节出现问题时，就会出现感觉统合失调现象，形成各种障碍最终影响身心健康。

　　其实，小学低龄段的孩子出现写错别字或字迹潦草等现象是很常见的。因为个体发育有早有晚，因此有的孩子会出现动手能力、手眼协调能力、听三不听四、丢东落西等现象，这都是感统不协调的表现。当孩子出现这种情况时，要适当辅以合适的统感训练来帮助孩子矫正过来。比如，书中提到小芊在写不同的字时会犯同样的错误，例如"蛋"和"楚"，两字相同的部分"疋"，小芊都会把下面的一撇一捺写在一竖的正下方。这说明小芊可能不是故意犯错，而是真的没有弄清楚"疋"的写法。小芊的问题是她的手眼协调和平衡感都不是很好，对于空间旋转和镜像适应也存在一些问题。

　　小芊的案例特别有指导意义，因为我发现不管在教学中，还是自己孩子的学习中，像小芊这样的孩子相当多。当孩子的识别驱动、语义解析处于发展阶段时，出错在所难免,我们应该如何面对这样的错误呢?首先要让孩子喜欢写字、喜欢学习。可以带着孩子做了一些类似游戏的学习活动。例如:写"哈哈字"——形态有趣的变形字,如"胖子字"(练横平)、"瘦子字"(练竖直)、"大象字"(练放大)、"蚂蚁字"(练缩小)。其次,还可以建议家长抓住孩子12岁之前的感统训练黄金期,带孩子做一些有助于提升感统能力的活动,如玩向瓶子里灌水、投石子、左右腿交替倒着钻过呼啦圈等简单而实用的游戏。

"学习是一门艺术,也是一门科学。"阅读《学习治疗手记》对我最大的帮助就是让我科学、系统地了解了孩子学习经历了怎样的过程、可能会遇到的问题,从而能更好地理解孩子、帮助孩子。尽管有时候自己并不能马上帮助孩子解决所有问题,但是这份理解就能拉近自己和孩子之间的距离,让孩子始终能处在积极向上的学习氛围中。最是书香能致远,腹有读书气自华。无论是作为老师,还是作为家长,我在阅读中都反思着自己对待孩子的方式和方法,更希望通过阅读多了解一些关于学习的先进理论,让自己能更科学地帮助孩子。

(牛霄燕)

突破自我　才能破茧成蝶

我在暑假拜读了宋少卫老师的《学习治疗手记》,宋老师认为学习就像人的身体一样会"生病",也需要治疗,还通过36篇具体案例讲解如何对存在学习问题的学生开展学习治疗。让我感触最深的是第六章的导读,文中写道,"读书百遍,其义自见"和"学海无涯苦作舟"式的耕耘早已跟不上时代的步伐。以前我们总是教导学生只要努力就会成功,现在我们不仅要引导孩子们用心耕耘,更要让他们突破旧有的自我认知,从而高效、快乐地成长。

每个学生都有自己的局限性,由于对未知的恐惧,所以他们有时候满足于现状而裹足不前。部分学生学习目标不明确,缺乏学习热情,甚至存在厌学情绪,热衷于玩乐,从而失去了学习和成长的动力。基于此,我特地设计了一节引导学生突破自我的班会体验课,让学生以一张纸进入角色体验。

问题情境导入：你作为一张纸存在于这个世界上，会有什么顾虑和担心？

学生交流：担心被撕破、被水浸、被火烧……

根据学生的交流进行个人和小组挑战：解决担忧，让学生进入体验环节。

体验环节一：能不能不借助任何外力工具让这张纸撕不破？如何让纸球不被浸湿？如何让火烧不着纸？

针对看似不能解决的问题，学生开动大脑，发挥团体智慧，最后一个个问题成功地被解决。通过活动体验让学生收获颇多，最重要的是让学生感受到了勇气的力量：面对困难，要敢于挑战。

体验环节二：A4 纸能支撑起一本书吗？

小组合作，共同挑战：将 A4 纸折成了圆柱体、长方体、三角体，都成功地支撑起了一本书。

再次挑战：把这本书换成 4L 的矿泉水你们觉得可以吗？

观看视频：一张 A4 纸成功地支撑起 3 瓶 4L 的矿泉水。

虽然这次挑战的难度大幅度提高，但是学生信心满满，竭尽全力寻找方法，通过小组合作体验发现自己是有潜力的。

体验环节结束后，让学生回归本位，交流活动感受：突破自我是件属实不易的事情，需要我们有足够强大的内心接受困难。我们要拥有克服困难的勇气、迎接挑战的信心……

虽然只是一节短短的体验微班会课，但是却能让学生在体验中寻找勇气和突破自我认知。突破自我需要勇气，需要信心，我们要引导学生渐渐突破自我，克服每一个小困难。

（于海丽）

手持戒尺　心中有光

——读《教师必须掌握的教育惩戒艺术》有感

曾经，一把戒尺挥舞了几千年，尽情地表达着师道尊严。今天，国内很多的教育法律、法规对体罚和变相体罚明令禁止,此问题也受到社会媒体的高度关注,导致如今的教师们对教育惩戒变得茫然无措。

前一段时间,我在网络上看到一段视频:一个二三年级的小男孩,拿着凳子,冲着老师就扔过去,老师躲开了,却没有去阻止他,而这个学生接着继续扔,并不断地推搡着老师,冲老师破口大骂,老师除了躲让就是任学生发飙。面对学生的无理取闹,这位教师的不为态度让我们感到心痛。而有的教师又因为学生的调皮、不完成作业等现象,对学生处以打手心、打屁股、罚站等惩罚措施,结果轻则被家长辱骂,重则惹上了官司,甚至丢掉了饭碗。

教师有没有惩戒学生的权利?学生犯了错,如何惩戒?什么样的惩戒算是体罚?……实践教学中,教师们根据自己的理解想当然地去做了,很多教师由于分不清什么是体罚和变相体罚,也不知道自己有无教育惩戒权,所以干脆不去实施教育惩戒,导致教育惩戒出现了在过度和缺失两端摇摆的现象。

我在假期里读了《教师必须掌握的教育惩戒艺术》一本书,如同久旱逢甘霖,枯木逢春。在书中,郑立平、张乐华两位老师用国内、国外的经验进行了精辟的分析,运用真实的案例、鲜明的观点,深入浅出地论述了体罚和教育的关系,娓娓道来,给我留下了深刻的印象和启发,读后深有感触。

让惩戒伴随弹性制度而行,有法可依

有这样一个小故事:

一个 12 岁的少年,在院子里踢足球把邻居家的玻璃踢碎了。邻居说,我这块玻璃是好玻璃,12.5 美元买的,你赔。这是在 1920 年,12.5 美元可以买到 100 多只鸡。这孩子没有办法,回家找爸爸。爸爸问:"玻璃是你踢坏的吗?"孩子说是。爸爸说:"既然是你,那么你必须赔,我可以借钱给你,但一年之后你必须归还。"于是,孩子花了整整 1 年的时间,通过不断地打工,终于挣回了 12.5 美元。

正是通过这样的一件事,让少年懂得了什么是责任,那就是为自己的过失负责。

结合魏书生和郑立平两位老师的弹性惩戒方式,学生要一起和教师探讨惩戒措施和方法的制定,这样实施起来能够得到学生的理解和支持,更能达到自我约束的效果,维护班集体纪律。

俗话说:无规矩不成方圆。班级的建设离不开一系列的规章制度,要将班规定于惩戒之前,才能让惩戒有法可依。班规是一种约束学生的规章制度,要制定得温馨、有特色,不能一味地突出"严厉",更重要的是要突出教育性,让违反规定的学生能够心悦诚服地接受处罚，这样才能取得学生的信任。

比如一次升旗，因为刚入学的学生小，很难在升旗例会上做到安静，于是，为了保证升旗的纪律，我在课堂上和学生约好排队要静、要直、要齐，学生们一一和我拉钩表决心。我还和学生们达成协议：如果谁破坏了集体的纪律，就要受到相应的小小惩戒，服务校园，清理草坪 10 分钟，连续清理 2 天。结果有的学生在快结束的时候坚持不住，忘记了约定，左顾右盼之后开始说话、有小动作。例会结束后，4 个不遵守纪律的学生在全班同学的监督下，遵守约定，主动清理校园 2 天，后来升旗的时候学生们都很专注。

让惩戒伴随家校合力而行，赏识有度

张万祥老师说过，现在提倡赏识教育，这种教育理念可谓深入人心，即使普通的家长也已逐渐认识到这一点；很多人以为找到了灵丹妙药，认为"赏识"能包治百病。

于是，教师们迎合家长，一味地表扬学生，哪怕是做错了，也没有告诉家长，对家长是报喜不报忧，对学生的问题也避重就轻地说。

朋友说过一件事，他坐火车时候，因为白天劳累了一天，本想晚上上火车时好好休息，下火车精神抖擞地再投入工作当中，但是旁边的一个孩子在车厢里来回大声地叫着，跑着。累了，就吵着，闹着，哭着。家长除了玩手机，就是表扬孩子真棒能自己玩，在火车上也能锻炼身体，而对周围人的不悦视而不见。这样的家长对自己孩子的纵容，必然会导致孩子自私、无理，所以说问题孩子的背后肯定是问题家庭教育。

这种情况，就需要教师摆正自己的立场，可以利用 QQ 群、家校网等方式来和家长进行协商与建议，形成新的惩戒制度，并公布于众，得到家长们的支持与肯定。同时将学生的在校表现如实地反应给家长，取得家长们的信任与理解，让家长们知道在赏识教育的同时，还要给这个赏识一个合理的度，孩子们才能知道规矩。

让惩戒伴随师爱而行，严而有爱

《爱的教育》中有一段话："教育之没有情感，没有爱，如同池塘没有水一样；没有水就不能称其为池塘，没有爱就没有教育。"可见，爱的力量是伟大的，如果让它与教育惩戒结合起来，那就会有很好的效果。

　　我在假期中看了《心中的星星》这部印度电影,这部电影中的小主人公伊夏是家长眼中的"调皮蛋",是老师眼中的"差生"、同学眼中的异类,因此而受到父亲的吼骂、教师们的惩罚、大孩子们的欺负、同学们的嘲笑。于是父母将他送到了寄宿制的学校,伊夏在恐惧中承受亲情的分离,在课堂上继续受到教师的惩罚。有着丰富想象力的他变得迷茫、孤独,笑容也从他脸上逐渐消失了。于是他变得沉默、孤独。幸好,他遇到了有着同样经历的尼克老师,尼克老师根据他的情况,找出问题原因,并用自己的爱心取得了伊夏的信任,用智慧的爱打开了伊夏的心扉,让笑容和自信重新回到他的脸上。尼克老师救赎了一个家庭,也为自己赢得了机会。

　　过度的惩戒会毁掉一个孩子,而将惩戒与爱相结合,会让一个孩子重拾信心。

　　没有惩戒的教育是不完整的教育。惩而有戒方是教育之道。汲取书中的经验,我在工作中有了科学的理论做支撑,教育惩戒不再成为我们不敢用的"武器"了。我会将书中提到的教育惩戒技巧用到实际工作中,学以致用!

(于玲)

班主任之路　贵在修炼

——读《班主任修炼之道》有感

　　回首自己做了十多年班主任的历程,我的确有许多话可说,但真正静下心来去总结自己这些年来的班主任管理经验,却又不成体系。读了肖老师的《班主任修炼之道》,我眼前一亮。掩书细想,我不断地实践与思考、总结与反思,真正地体会到了"修炼"的内涵。

感悟之一:做最真实的自我,学会尊重

　　陶行知先生曾经说过:"千教万教,教人求真;千学万学,学做真人。"肖老师

在书中就提倡班主任做最真实的自我,自己是什么样的人,就真实地展现在学生面前。真实的班主任会带来真实的教育,会让学生发自内心地接纳。对于这点我是感触良多的。记得有一次,学生课间奔跑、打闹,影响老师们开例会,我回教室后一顿狠批。本以为这件事过去了,可第二天我收到一张小纸条,上面写着"老师我很冒昧地说句,下次您能不能了解完事情的来龙去脉,再去批评我们"。虽然话语客气,但委屈也跃然纸上。作为班主任的我,马上意识到了其中不一样的味道。接下来,我立刻询问学生们当时具体情况,得知仅仅是两三个同学的追逐,其他有连累之嫌。站在讲台上,我的一个鞠躬道歉,收到了学生们原谅的掌声。可能多年之后,他们会忘记我教给了他们具体什么知识,但为自己的错误深深弯下去的腰,他们定然会记得。因为在教育中,敢于承认自己的过错,呈现给学生真实的感觉也是一种无声的人生教育。书中还提到:"当我唤回了我的自身认同和自身完整时,当我牢记自我个性和天职意识时,威信就树立起来了。"作为班主任,还要树立和学生平等的观念,要展示真实的自我,对事不对人,师生关系才更和谐,我们才能更好地教学。

感悟之二:敢于善于放手,学会管理

回忆当初,我初当班主任的时候,在班级的管理上,总是面面俱到,什么都是亲力亲为,总觉得只有这样才是一个认真负责任的好班主任。但现在仔细想一想,这是不是对学生不信任的一种表现呢?肖老师在第六章中提到:"敢放手就是相信学生,有自主学习与管理的能力,班主任不再牵着学生的手走路,让他们大胆地前行,进行有效的自主学习与管理的探索和实践。"一个成熟的班主任,要教学生自己教育自己,自己管理自己。学生有权参与制定班级制度,班级发生的事大家自己评,要让学生有班级主人翁意识。这样,每个人都能认清自己,对比自己,正视自己,从而去不断矫正自己,始终处于管理中,但又感觉不到被强迫、被要求,让学生和教师在和谐的氛围中追求管理的新境界。

感悟之三:阳光心态,学会养生

肖老师在书中还提出"当班主任是最好的养生之道"。"面对一切工作,你能心平气,专业审视,科学对待,人性处理,那么当班主任真的就是最好的养生之道。"我认为,这是一种健康生活的理念,一种心态,说的是我们做了教育工作,必须有一个健康阳光的心态,必须有足够的耐心静待一朵花开,必须有一种内在的祥和之气。作为教育者,我们应该让学生感受到我们的力量所在。学生的眼睛像放大镜一样清楚透亮,班主任的举动、班主任脸上的阴晴圆缺是逃不过他们的眼睛的。特别是五年级的班主任,面对学生成绩的忽高忽低,面对学生心态的忽紧忽慢,班主任的心态尤为重要。遇事不急不躁,始终把自己当作班级合伙人,把学生当作一个个与自己共同成长的生命,长期下来,定会收获一个不一样的自己和一个不一样的班级。作为教育者,班主任道路真如屈原所言"路漫漫其修远兮,吾将上下而求索"。没有一朝一夕就可以成为优秀的班主任之说,更不可能不经历风雨直接见彩虹,没有班主任不是在班主任道路上摸爬滚打多年才可以看见班级管理的曙光的。肖老师的《班主任的修炼之道》给予我种种启迪,让我能静下心来反思二十多年教育工作的经验与得失,在班主任专业成长的道路上,不断修炼自己,砥砺前行。

（丛玲玲）

让阅读成为一种习惯

——读《致教师》有感

现如今,在大街小巷,无论是匆匆的行人,还是等车的乘客,无论是幼儿园的学童,还是白发苍苍的老人,低头玩游戏、刷抖音,成了大众趋势,很难看到捧一本书阅读的人。阅读真的成为一种落伍的学习方式了吗?

今年暑假,我在医院里陪伴母亲,特别感谢朱永新教授。每当我轻轻地翻开他写的《致教师》,淡淡的书香浸润着我灵魂的每一处空间,让我焦躁的心慢慢安静、沉淀。我在床边读朱教授的教育故事给母亲听,母亲偶尔微笑或深思,更多地感受到我们母子最美好时光是在书香中萦绕。他在《每天都是最美时光——如何做晨诵午读暮省》中提出,"晨诵、午读、暮省"是教育回归朴素的一种生活方式,是教育应该倡导的一种幸福生活,是值得我们每个人养成的一种生活习惯。作为一名教育者,我不禁深思,如何才能培养孩子的阅读习惯,让书成为孩子的朋友呢?

一、"趣"以引领，开启阅读大门

现代社会是信息化时代，游戏、短视频等似乎远比读书要有趣得多，如果没有很好的引领，孩子更加难以与书结缘，难以养成读书的习惯。孩子一旦对阅读产生了兴趣，在阅读过程中就会高度自觉，以惊人的毅力去学习。

故事是儿童最喜爱的一种文学形式，培养儿童的阅读习惯可以从他们最感兴趣的故事入手，从听故事、说故事、读故事开始，逐渐培养他们的阅读能力。例如学习《司马光》时，教师可以先给学生讲司马光砸缸的故事，学生听得津津有味，再提议开展讲故事比赛，很多学生便会积极地去找书来读。通过这样的引领、推荐，不知不觉间便激发了学生强烈的阅读欲望。

当学生走近阅读，爱上阅读，能自觉地去阅读时，一扇美好的大门已经打开，我们还会担心学生不会学习、不好好学习吗？

二、"精"以挑选，拓展阅读广度

适合孩子的书才能引起孩子读书的乐趣，达到开卷有益的效果，精挑细选适合孩子阅读的书籍是教师和家长不可忽视的工作。

要从孩子的喜好入手。第一步，要了解孩子的喜好，从孩子的兴趣入手。大部分孩子都喜欢动物类的读物，所以，先帮孩子选择感兴趣的动物图片、动物绘本故事，然后是动物小说之类的。通过对动物的了解，孩子对与动物相关的科普类图书大概率都能接受。在此基础上，孩子逐渐建立对不同题材读物的兴趣，拓展了阅读广度。

要衡量孩子的阅读能力。按年龄选择阅读书籍，其实是最符合孩子心智发展规律的。判断孩子能否读懂这本书，最简单的方法就是根据书中的主人公年龄来判断。也可以先陪孩子一起读绘本，这样的书文字较少、图画精美，孩子在一小段时间内比较容易读完，容易体验到读完一本书的成就感。等孩子看的绘本多了，慢慢产生兴趣，再引领孩子读一些文字稍多点的插图类图书，如《安徒生童话》《格林童话》，这类书篇幅短小，图文结合，能吸引孩子的注意力，达到培养阅读兴趣的目的。随着孩子读书量的增加，他们会自动选择一些纯文本内容、知识量大的书来阅读。

三、"法"以授之，提高阅读效率

有效阅读也是需要讲究方法的。我个人总结了以下几点阅读小方法：

（1）孩子刚开始阅读，要朗读得准确流利，最好是有表情地读。从慢速朗读到快速朗读,能锻炼眼睛捕捉文字的能力,这对提高理解能力、书面表达能力和口头表达能力,都是有很大帮助的。

（2）有了较好的朗读能力后,再教给孩子默读。默读时,不出声音,不动嘴唇,理解读的内容,不囫囵吞枣;遇到不认识的字和不理解的词,可以查词典学会;遇到不懂的内容或想象不出来的地方,可以画思维导图来帮助理解;也可以在文中找出最重要的话、结论性的话和公式,用红笔做重点标记;文章中精彩的语句、段落甚至全篇要熟读,最好是能背诵。

（3）精读与略读相结合。当今社会处于知识爆炸的时期,信息量大、变化快,任何人都不可能对所有篇目详加研究。因此,我注意培养孩子精读与略读相结合的能力,读书先读前言、目录,读报先看标题、栏目,在浏览中形成粗略印象,借此选择图书、寻找资料,对于自己所需要的资料详加研究,其他内容可略读。

在不断的阅读中,孩子可以逐渐掌握科学的读书方法,提高读书的效率,从书中获得更多的乐趣,这样孩子就更加喜爱读书,形成良性循环。

冰心说过:"读书好,好读书,读好书。"常言道:"书中自有黄金屋。"酷爱阅读的人在享受快乐的同时,自己也变得聪明起来。我们要教育孩子善于阅读,珍惜时间,培养孩子喜欢阅读是家长的一个重要目标和任务,培养孩子养成阅读习惯就等于为孩子找到了拥有世界的捷径。

（王虎）

第三篇　班级·发生

　　办公室里、餐桌上，班主任经常会在茶余饭后跟身边的人聊起班级里师生、生生之间的那些有趣的、值得回味的故事。每个美好的故事里都包含一些教育价值观的内核，潜藏着教育元素，如果能够及时地记录下来，就会在故事中发现教育契机，把故事植入教育中，用故事来改变自己的教育。

　　班主任每天都要复盘回顾当天班级中有哪些学生的言行让自己有触动，有哪些事情让自己比较牵挂，把过程以及自己处理的方法或者让自己感到迷茫的地方记录下来，语言生动形象、简洁凝练。记录的过程其实也是一个反思、自我梳理的过程，除了把故事真实地展现出来，还要有自己的追问与反思，想想在处理问题的时候是否让学生容易接受，学生是否有所改变，如果对学生有了影响，那自己的做法就是符合教育规律的，是一个成功的案例。如果学生一点改变都没有，班主任就需要反思自己的教育方式，及时调整自己的方法。这些都是自己的教育所得，也是滋养自己成长的营养。坚持记录一段时间，把相同或者类似的事件分类进行梳理，形成自己的教育理念，才会让自己的教育有温度。

　　班主任首先要善于发现，敏锐地抓住发生在学生身上的关键事件，挖掘事件中有意义的教育价值，通过提升创新感来给学生的生活增加闪光点，可以有效促进他们内心的成长，从而达到影响和改变学生的教育目的。教师还要善于做一个发现者、一个书写者，从自己身边的故事来寻找教育的真谛，主动地思考，从忙碌琐碎的工作生活中挖掘一些鲜活的案例，用理性的思维和文字来一一记录，并在记录中获得反思的机会，从而帮助自己在记录中不断成长。

让每个故事都能有自己的意义，给教育一个故事，让教育发生改变！

感谢失败带来的成长

又是一年队列比赛。轮到我们班学生上场了,看,他们一个个精神抖擞,动作整齐划一。我在心里暗暗得意的同时,也捏了一把汗。还好学生们表现很棒,整个过程都准确无误地展示下来了,就在我暗暗松了一口气的时候,场面出现了混乱。原因是展示完准备下场时,应该向右转,齐步走,结果军体委员喊成了"向左转"。一部分熟练掌握动作的学生向右转,一部分认真听口令的学生向左转,这可怎么齐步走?

比赛完,任课老师已经等在教室里准备上课了,我也就没有多说什么,准备最后一节课再来总结。回到办公室,我心里也很郁闷,因为整个备赛过程,我和学生们都很认真地准备,课间操顶着炎炎烈日一丝不苟地练习,我们都对比赛充满期待,没料到结果竟是这样!

好不容易挨到下课,我来到教室的时候,看到军体委员栋趴在课桌上哭。我急忙问怎么了,有学生说很多同学都埋怨栋喊错口令,栋说:"我不是因为大家的埋怨,我是怪我自己怎么这么笨!"多么好的学生,不因大家的指责而心生怨恨,只是自责自己做得不够好。我意识到这件事情如果解决不好,既打击了全班学生的积极性,又可能影响栋在班级的威信,还可能让栋沉浸在自责中,影响心理健康。于是我决定好好利用这节课和学生们沟通。

上课伊始,看到班上学生们闷闷不乐的样子,我微笑着,语气坚定地说:"同学们,今天队列比赛,大家表现非常棒!"学生们表情讶异地看着我,心直口快的达问:"老师,咱们班比赛成绩第几名?""第五名……""还是最后一名,都怪栋……"有学生忍不住嘀咕道。"同学们,老师还没有说完,虽然学校给出的名次是第五名,但在毕老师心目中,你们是第一名。"学生们精神一振,眼神热切地望着我。"老师想问,你们平时练习的时候态度认真吗?""认真!""比赛时是不是把自己最精彩的练习成果展示出来了?""是。""所以,在毕老师眼里,你们就是最棒的!在此毕老师要表扬我们班的每一个同学,表扬你们的努力,表扬你们的齐心!"我带头鼓起了掌,一时掌声雷动。

"接下来,我要特别感谢一个同学,你们猜是谁?""是栋吧?""恭喜你,猜对了,再猜猜我为什么要感谢他?""他带领大家练习队列,嗓子都累哑了……""是呀!刚刚接到队列比赛的通知,毕老师最发愁的就是咱们班没有担任过军体委员的同学,这时候是栋挺身而出,说要试试。训练时他每个动作都整齐规范,一丝不苟。喊口令时更是声音响亮干脆,大家都听出来他嗓子哑了,但你们不知道的是,每晚他都会吃药,用喷雾治疗嗓子,就为了不耽误第二天训练。这样认真负责的军体委员,难道我们不应该感谢他吗?"这次没用我带头,掌声再次响彻教室。

"同学们,每个人第一次参加比赛都会紧张。我还记得我第一次走上讲台,腿都有些哆嗦。第一次参加讲课比赛,心脏都跳到了嗓子眼……"看到我夸张的表情,学生们都忍不住笑了。"栋第一次担任军体委员指挥这样的比赛,表现比毕老师强多了,很有大将风度。我们就是要在这样的机会中历练自己,相信下次我们就会表现得更棒,成长得更快!"说到这里,我眼睛看向栋,栋眼含热泪地望着我,坚定地点了点头。

"同学们,我们每个人一生都会经历很多次成功与失败,面对成功我们要做到不骄傲,面对失败我们也不气馁,要善于总结失败原因。其实失败并不可怕,甚至是宝贵的,因为从中我们可以反思自己,提高自己。温德尔·菲利普斯说:'失败乃成功之母。'真的是这样,同学们,只要你们认真地准备,勇敢地去参与,你们已经成功了一半!所以,你们现在还害怕失败吗?""不怕了!"此时学生们的脸上早已阴转晴,甚至是阳光灿烂了。此时,我心里特别庆幸有这样一个契机,可以和学生探讨如何面对失败。

后来,有学生把这件事写进了作文里,说队列比赛虽然是最后一名,但感觉收获很多,比得了第一名还要开心。

(毕可静)

大卫 不可以

"老师,他又扣分啦!"昊愤愤地喊着。

"他又随便扔垃圾了!"惠清楚地说着原因。

我人还没进教室门,学生们就纷纷跑过来向我告状。我转身看了看学校宣传栏上的违纪表，果不其然，并不醒目的"-1"在我的眼前变得格外刺眼，让我顿时火冒三丈。这已经不是第一次了，从开学到现在，我们班每天都有扣分，每天的扣分都少不了荞的"功劳"。我就纳闷了，他怎么能做到天天扣分，一天都不落下呢？越想越气，我这火"蹭蹭蹭"烧到了头顶。"看我怎么收拾你！"我一边狠狠地想着，一边往教室冲去。

荞是个特别率性好动的学生，率性到哪种程度呢？上课的时候，他能呼呼睡觉，口水都流到桌子上了；别人写字的时候，他不写字，总是钻到桌箱里，忙叨叨地不知道在找什么东西；下课的时候，他抬脚就窜，旁边学生的文具盒、课本、铅笔等物品总能被他碰得"哗啦啦"掉落一地；更令人生气的是，他的身边总是有收拾不完的纸球，桌箱里有，脚底下、口袋里有，竟然连袖管里都有！

这个星期的班级考核几乎每天都因为他扣两分。照这样继续下去，这个月的班级流动红旗就又落在别的班了。

"荞，你又扣分了！"我朝着他怒吼。

他赶紧捂着耳朵，小声嘟囔："我昨天上厕所的时候，垃圾自己从口袋里跑了出来了。"他竟然还一脸的委屈。

"你不跑，它能自己跳出来吗？"我的声调骤然抬高。

"我错了，我再也不把垃圾放在口袋里了，以后要把垃圾扔在垃圾桶里！"他红着小脸告饶。

"你说了三次，也没见做到！"我严肃地说。

今年接手的这个班，像荞这样的学生，班上有十多个。为了让他们少扣点分，我真的是绞尽脑汁，和他们斗智斗勇，但是，问题还是层出不穷，分还是天天扣。于是更多的"不准"被我摆在了学生的面前；甚至，我还安排高年级的学生进驻我班看守，可即使是这样，违纪单上被扣的分也没减少。

看着一张张无辜的笑脸，我又感到无奈。

转机发生在一次阅读课上，我和学生们一起看绘本故事《大卫上学去》，学生们被故事中的情节吸引住了。这本书写了调皮捣蛋大卫上学后做了许多老师不允许的事情，最后被留下来收拾卫生擦桌子，当桌子擦干净之后，老师表扬了他才允许他回家。我一边讲故事，一边让学生交流大卫为什么不能吃口香糖，不能随便乱扔垃圾等问题，通过故事来让学生理解规矩的重要性。

"老师，"荞举手站起来，"我可不像大卫那样淘气。"

"老师，我也不是大卫。"学生们纷纷说。

"可是，有时候我们也有和大卫一样不小心做错了的事，那怎么办？"

"老师，我来看着咱班同学。"惠喊道。

"一个人监督这么多人，看不过来。"我提示学生们。

"那我们就互相监督。"学生们说出了更有效的方法。

"口说无凭，我们共同来做一份'合同'，要签字摁手印的哦。"我趁热打铁。

于是，结合书中和生活中经常出现的问题，学生们主动参与探讨学校哪些规矩不要碰，一起制订第一份班级公约。我把大家的意见全部汇总，发现学生提出来的很多问题都是他们普遍关注的问题，其中也包含了学生对老师提出的意见要遵守，于是我把重复的内容合并、提炼、标记重点，我真的很惊叹这些小家伙们对公平性的理解。最后在集体讨论通过之后，我们签字盖章，接着，我把盖着一个个鲜红小手印的合同分享在了班级群里，让家长们看到我们的约定，让家长了解班级公约的内容，同时希望家长们提出建议，积极地参与班级活动，一些家长便动起来了。

当我把家长们的意见反馈给学生们之后，他们经过挑选又添加了几条，形成了 2.0 版本的班级公约。

接着我们就开始试行一段时间，又把班级公约完善调整为更适合学生们的 3.0 版本。这个过程中，我发现有几个学生在监督的过程中特别积极，而且自我约束性很高。经过大家的举荐，我们又成立了"督察小分队"，轮流值班，每个人既是监督员，又是被监督的。

那之后，当课堂上有学生管不住嘴的时候，周围的同学会马上伸出食指示意他；当有学生不小心在桌子上乱画时，马上会有同学提醒他"大卫，不可以"……后来，"大卫，不可以"就成了我们班学生遵守规则的暗语，也走进了孩子们的家庭生活中。

我们班级不再安排高年级的学生进驻看守了，班级不但扣分少了，而且出现了加分的情况，我也变得轻松起来，流动红旗也回来了。

受固有的习惯、周边环境因素的影响，一年级的学生在行为上必然会出现一些问题的反复，只要班主任练就敏锐的嗅觉和善于发现的眼睛，抓住教育契机进行合理的引导，每个学生就会"动"起来，成为最好的自己。

（于玲）

春风润雨　细雨无声

德国教育学家第斯多惠说："应当考虑到儿童天性的差异，并且促进独特的发展，不能也不应使一切人都成为一模一样的人，并教以一模一样的东西。"如果父母、老师能够发现孩子的优点和劣势，能够引导孩子扬长避短，孩子想不优秀都不行呢！

在一期《文登教研》中有这样一篇文章——《拨的云开见日出》。这篇文章讲述的是一个叫云淼的男孩，由"野兽"华丽蜕变为"天使"的故事。看着这篇文章，我内心有一种深深的共鸣，因为我今年所带的班级，也有一群这样的"小野兽"。

今年，我"荣幸"地抓到了六个可爱的"小野兽"。他们常常为一点小事打、骂、欺负同学。以前我总是苦口婆心地给他们讲道理，进行说服教育，但是没有取得良好的效果，他们没有太大的改变。通过观察了解我才明白孩子具有这样的行为不仅是品德问题，还有心理问题。如何改变这些孩子呢？我决定先从小展入手。

刚接手班级的时候，小展给我的第一印象是唯唯诺诺的、胆小内向的小男孩。他在班上不怎么说话，上课回答问题都是战战兢兢的。我与家长沟通过，据家长反映，孩子在家可不是这么安静，那简直可以用"野兽"来形容。根据家长的描述，我认为小展在学校的表现都是装出来的，可是装一日容易，装一年很难。小展终有一天会暴露本性的。果不其然，没过多久，小展和小宁就因为一点小事打了起来，他们俩被班长叫到我的办公室。

我把小展叫到我身边，耐心地问他为什么打架。小展瞪着小眼睛跟我说："我就是想和他玩，我不是故意的。"在处理同学们之间矛盾的时候，我认为最难处理的就是这种"我不是故意"的情况。小孩子刚上一年级，由于年龄的关系，他们根本就把握不住玩的分寸，也弄不明白自己到底会不会伤害到对方，只是下意识地"该出手时就出手"。面对这样的"小野兽"，我该如何进一步处理呢？是用爱的和风细雨大事化小小事化了，还是进行讲道理式的说教，抑或是进行严厉惩罚呢？

在电影《放牛班的春天》中，学生盖贺克弄伤了马克森斯大叔的眼睛后，马修老师惩罚盖贺克去医院照顾马克森斯大叔，让他在观察病人的痛苦过程中反省自己的错误。

马修老师将这件不好的事，变成了学生成长的契机。他让盖贺克在为自己的错误承担后果的过程中不断反思自己，在忏悔中接受心灵的惩罚，从而让盖贺克对错误行为形成了正确理解和积极反应。

马修老师的教育智慧和教育艺术很值得我们学习。因此，对待犯错的孩子，在弄清事情原委后，应引导孩子进行反思。

我先提出要求，让两个孩子都反思一下自己在这件事中哪些地方做得不好。小展坦诚地说不应该动手打小伙伴，可以用语言来邀请小伙伴一起游戏。我进一步引导他认识到，无故拍打别人后脑勺是产生矛盾的主要原因，因此他要承担打架事件的主要责任。另外，对别人的骚扰往往会引来对方的反击，使自己也深受伤害。

接着我问小宁，这件事除了还手还有没有其他方式，比如警告对方、报告给老师。小宁说警告了，但不管用。我提醒小宁，当警告不管用的时候，有没有想到告诉班长？有没有想到跑开后，告诉老师？

我让小展看着小宁的后脑勺，问他："小展，如果小宁的后脑勺因为你的拍打受伤了，你会怎样？"小展看着我说："他要去住院打针，他的父母也会很伤心的。"话还没说完，小展已经泪流满面了，与他刚进办公室时判若两人。

经过他们二人的同意，我拜托美术老师把他们两个的"小故事"做成了漫画，同学们看了都为他们竖起了大拇指。班级里的调皮捣蛋的孩子越来越少了。

一次经历就是一次学习。当悔恨的泪水流下，那种对自己过失发自心底的愧疚和心灵深处的忏悔会使小展实现一次深度学习。当然，对于小宁也是一样。至此，经历了这次打架后，两个孩子都在不断反省，都在提高自己的认识。这场冲突对他们而言，是刻骨铭心的。深刻的体验必然会使他们更好地理解生命、领悟生命。

教育是慢的艺术。面对孩子成长中不可避免的错误，我们应保持一份从容和淡定，并给予充足的时间，让孩子去反思、去修正，从而让他们在积极的理解中实现深度成长，终会迎来"野兽"的华丽蜕变。

（于明珠）

漫画的风波

　　"老师,小泽他不学习,在画漫画。"突如其来的声音打破了教室的安静。我马上走到小泽的桌子旁,只见他紧张地低着头看着自己的胳膊,我伸出手说:"画的什么,拿出来。"他还是纹丝不动,还挪动着胳膊努力地想遮盖什么。看着他的不为所动,我更加生气,挪开了他的胳膊,拿出来一张纸,纸上画满各种各样的小人,这些小人的动作不仅连贯还很流畅,看上去就像是一本武林秘籍。我严厉地批评了他,并且要求他以后不能再画。

　　本以为在我强势的"镇压"下,漫画风波就这样结束了。第二天下午第一节课,我一进教室,马上有学生告诉我:"老师,小泽又在画漫画,这次还和同桌一起画。"我走过,他们正慌忙地想藏起来,害怕地看着我。我拿起纸,还是一些小人,只不过这次小人跟上次不一样。本来想说昨天不是已经保证不再画了吗,怎么还画?话到嘴边,又咽了下去,我转而笑眯眯地问:"这是你们俩合作的作品?"他们盯着我,点点头。

　　"可是,我仔细看看,我也没看懂这些小人在干什么,有什么故事吗?"我继续笑着问。

　　"老师,这些小人是火柴人,他就是战士。你看他手里还有剑……"小泽兴奋地说。

　　"老师,你看过《猫武士》吗?我画的火柴人就是拉斯特,他非常勇敢,可以打败很多敌人。"小泽的同桌耐心地给我讲解。

　　"老师,我也偷偷画了,不过你没发现,我画了好多盘古,他跟我们课本上的盘古不一样,不过他们都很勇敢。"小远羞涩地指着他的作品。

　　"老师,还有我……"

　　看着学生们骄傲地展示着自己作品,还不停地交流着他们漫画中主角是如何的优秀。我暗自庆幸,幸亏没有像昨天一样实行强势的打压政策,要不哪有他们今天的眉飞色舞。

　　看着一张张兴奋的小脸,我临时起意说:"同学们,这节课我们举行一场漫画比赛,看看谁的火柴人的故事能打动大家,我们每一个人都是评委,得票最高者为冠军。"学生们顿时欢呼起来。随着我下达比赛的口令,教室立刻安静,学生着手开始创作,一个个火柴人惟妙惟肖地在笔下一一呈现出来。有智慧过人的女娲打败了狡猾的妖怪,有会魔法的哈利·波特实现了大家的各种梦想,还有勇敢的鲁滨孙带着大家经历海上的惊险风浪……一个个生动、有趣的火柴人故事迎来了阵阵掌声。我把最受欢迎的三张漫画挂在教室后面的黑板上,并告诉学生两个周举行一次漫画比赛,但是有个要求,上课学习的时间不可以画。学生们异口同声说:"老师,保证做到。"从那以后,课堂上画小人的现象再也没出现过。

学生的行为需要我们采用一些具体的方法进行正面的引导。在漫画比赛之前,我发现一个学生画的是流行的小羊游戏,通过交流发现他经常玩这个游戏。如果我直接跟他说以后不能玩游戏或者少玩游戏,他肯定不会听。所以,我偷偷告诉他:"你画的火柴人是最生动的,但是如果你画小羊,漫画比赛肯定不能赢。因为游戏的小羊只会对对碰,没有高超的本领,怎么能带领你的武士?"

"老师,那我画什么呢?"他小声地问道。

"你可以画女娲啊,我们今天语文课刚学过。"我装作怕被别人听到的样子,小声地跟他说。

他听了我的话,直点头。

比赛结束后,他高兴地跑过来说:"老师,我是第二名。"我搭着他的肩膀说:"你真让老师刮目相看,让我看到了女娲的智慧"。

"老师,我以后不能玩游戏,应该多看书,争取下次比赛能拿第一。"他很有自信地说。听了他的话,我欣喜万分。

一场漫画风波演变成了一个意外的漫画惊喜,我庆幸当时没有继续粗暴地制止学生,而是融入学生,想其所想,做其所做,乐其所乐。要知道,处在这个年龄段的学生都有逆反心理,越是不让做的事情,他们越是要做,一味地"镇压"会适得其反。其实,我们应该允许学生用自己的方式进行涂鸦,允许学生选择自己的方式放松。当然,还需要我们智慧地引导他们。

(于海丽)

选择适合孩子的教育方式

"老师,咱们班纸箱不知道被谁碰坏了。"为了帮助学生养成良好的习惯,我特意找了一个很结实的大纸箱带到教室,用来盛放废纸。"啊,谁干的?"我走过去,只见纸箱"龇牙咧嘴"地躺在角落里,仿佛受到了欺负的孩子,畏缩着默默叹息。"到底谁干的?我刚刚放到这里才几天,你们就给破坏了?你们有没有把班级当成自己的家?就不能够好好爱护班级的物品吗?"我声音提高了八度,学生们见我非常生气,没有一个学生站起来承认是自己干的。教室里一片寂静,所有的学生默不作声,静静地坐在那里。过了一会儿,小明站起来说:"老师,小涵和几位同学下课在那玩耍,至于是谁弄的,我没看清。"

"小涵,是谁弄的?""老师,我也不知道是谁弄的。"小涵一脸无辜的样子。"你要是知道是谁,下课告诉我。其他同学要是知道是谁干的,也告诉我。下面开始上课。"

是谁弄坏了纸箱?如何让学生勇于承担责任?我陷入了深思。

第二天,我拿了一个鸡蛋来到教室,几个学生跑到我身边问:"老师,又要写作文?""今天我们要开展一次'护蛋行动',时间一星期,要求是每位同学每天把一个鸡蛋带到学校,放学带回家。在学校期间要好好照顾鸡蛋。"学生们听完,信心满满。第二天,学生们想尽办法给鸡蛋安家落户,他们有的听从家长的建议,用柔软的棉花或者塞满布条的小纸盒对"蛋宝宝"进行保护,有的则为"蛋宝宝"穿上了蝙蝠侠或者南瓜灯的外衣,也有学生认为铁盒子更加结实,选择把"蛋宝宝"装进了铁盒子中,就这样,学生们为"蛋宝宝"们安了家,而且还起了名字,但他们却还不知道,这只是"护蛋行动"的一个开始,难的事情还在后面呢。相比给"蛋宝宝"安家,最困难的还是对"蛋宝宝"的细心照料。为了保证"蛋宝宝"不受伤害,学生们无论是上课还是户外活动时都随身携带,真是捧在手里怕摔了,含在嘴里怕化了。我们也能看到,相比以往大大咧咧地玩耍,学生们在玩耍时变得谨慎了很多,生怕不小心就弄碎了自己的"蛋宝宝"或者碰伤他人的"蛋宝宝"。

一周过去了,"谁的'蛋宝宝'还在?"几个学生拿着"蛋宝宝"来到讲台前面,我问:"现在老师来采访一下,你是怎样保护好'蛋宝宝'的?"几个学生分别谈了谈自己的做法。"听了同学的分享后,哪位同学来谈谈此次'护蛋行动'你的收获?"此时小涵站了起来说:"老师,我感受到了要有责任心,对待班级的东西也要保护。对不起老师,上周纸箱是我破坏的,我们几个同学在一起玩耍时不小心碰坏了,当时我怕您批评我们,不敢承认,这次'护蛋行动'让我认识到要勇于担责,做错了勇敢承认错误,我再也不疯打闹了。"终于真相大白了。"敢于承认错误就是好孩子!希望你们这几位同学成为有担当的男子汉!"小涵用力地点了点头。

小涵的转变让我惊喜,更让我开始审视自己的教育方法。之后的教学中,我开始注意在情境中对学生进行教育,从教学生活中的一点一滴去观察学生、关心学生、帮助学生,让他们开心时有人分享,难过时有人倾诉,失落时有人抚慰。

教育之道,道在心灵,我们要善于抓住教育契机,真正走进学生们的内心世界。

(王晓丽)

春日里的温暖

阳光正好,微风不燥。课间操全校教师齐聚操场,举行迎接三八妇女节趣味比赛。

学生跑操的同时,女老师们先进行了踢毽子比赛。说是比赛,其实重在参与,娱乐成分更浓些。随着几组比赛的进行,跑操的学生全被吸引过来,大家围成一个圈关注着最后一组踢毽子比赛。一声哨响后,踢毽子比赛结束,插红旗比赛紧锣密鼓地开始了。第三组出场的我,刚踢完毽子腿还有些发软,便怀着划水的心态站在起跑点。奔跑过程中,跑道旁学生的加油声越来越激昂,甚至还有学生大声喊着我的名字加油,我不由得奋力向前冲去。

跑过终点,学生们纷纷围过来,运动健将宇一副恨铁不成钢的表情说:"老师,你怎么不跑快点,才是第二名啊!"

"不对!不对!终点的时候老师是第一名!"其他学生争辩道。

"真的吗?刚才有人挡着我没看到,老师真棒!"宇边说边冲我竖起大拇指。

"老师,今天比赛是为了庆祝三八妇女节,我还知道三八线的由来呢。"

"老师,刚开始你跑得慢是不是因为红旗很难插呀?"……

听着学生们兴致勃勃地交谈,看着他们洋溢着骄傲的笑脸,我心里不禁暗自庆幸刚才在学生们的加油声中,在他们的瞩目中,自己及时调整心态积极比赛,努力去冲刺了。《说文解字》中说:"教,上所施,下所效也。"教师身体力行地示范引领,有时候比一味地说教更加有说服力。教育的形式多种多样,但教师的一言一行、一思一想,都会清晰而准确地印在学生的内心中,会在有意无意中对学生的心理和行为进行着指引。从心理学上讲,人们之所以受别人影响,其中一个很重要的因素在于信任。学生对老师的信任,有来自知识方面的信任,但积极、健康、进取的言行,更有利于获得学生心理层面的信任。

回到教室,学生们还沉浸在比赛的情绪中,涵机灵大胆地问道:"老师,能说说你的感受吗?"大家的目光齐刷刷地盯着我,其中包含着兴奋,因为这是我平时经常会问的问题。略加思索,我回答道:"尽管老师的腿还在微微发颤,但我感受到节日的快乐了,更感受到我们班集体的力量了。同学们,知道吗?比赛落后时是你们的加油声给了我力量,让我没有轻言放弃,努力向终点奔跑,所以这个第一有我们每一个人的功劳,老师非常感谢大家!"教室里响起一片掌声。我接着说:"但我也意识到一点,那就是平时要加强锻炼了,以后跑操的时候我会努力跟上大家的脚步,我们互相监督,好吗?""好!"此时的教室里充盈着笑声。

第二天批改作业时,我明显地感受到学生们的书写更认真了,正确率更高了。汪曾祺先生在《人间草木》中曾言:"在黑白世界里温柔地爱彩色,在彩色的世界里朝圣黑白。"练习本上的黑白文字,流淌出生命成长的缤纷色彩。我期待着春日里的温暖,希望能温暖每一个蓬勃生长的学生。

(牛宵燕)

因人而奖 因奖而励

"彤刚才的坐姿很端正,表扬一次。"

"智写的字很端正、认真,表扬一次。"

"璇的回答声音响亮表扬一次。"……

课堂中,我经常会这样表扬学生,也一直感觉这种表扬很自然,即使是对学生没有长远的效果,但当时我能感受到学生很开心。同时我也满足于这种现状,直到有一次下课和彤谈话。

"老师，你经常上课表扬我们，表扬之后什么时候给我们奖励？"

"奖励？"

"对啊！"彤用期盼的眼睛看着我。

"周末吧。"

"那奖励我们什么呢？"

"印章呗！"我脱口而出。

"哦，还是印章啊。换一换行吗？"彤嘴巴翘着，有点失望地回应着。

"那我回去想一想换一种奖励方式，可以吗？"

回到办公室，我看到桌子上的一沓奖状，想着彤的表情和语气，回忆自己管理班级的方式。即时口头表扬似乎是自己的一个口语化行为，在课堂上，学生的一个回答、一个问题、一个坐姿都会得到我的表扬，很多学生眼前一亮，之后又随着课堂的推进回到原来的状态；有时候课后想起来也是以印章的形式放到学生的书上或者星级排行榜上，也就算完成了自己的一桩心事。班级管理六年来，我一直以即时口头表扬的形式来鼓励学生，但从未真正地走到学生内心，表现好的学生就给印章，印章换奖状，奖状换本子……这样周而复始地奖励，刚开始我也沾沾自喜，总以为自己已然调动了学生的积极性，但是总是感觉学生前面干劲十足，后面疲惫有余。

静下心来，我反思这种循环使用的表扬方式更多的是一种自我安慰，对学生来说是治标不治本的方式。很多学生其实是把获得印章看成参与活动的主要目标，而并没有体会到参与活动的快乐，为了得到印章而激发出来的兴趣是浅层的、暂时的。这是以一种外在的形式来让学生学习，学生主动学习的背后是追求外在的奖励，当没有了外在奖励的时候，学生就失去了学习的动力。

我忽然感受到这个过程中学生是个被忽视的群体，他们只是以接受者的身份来接受老师的奖励。为什么不能征求学生的意见，知道了解学生的内心需求呢？

回到教室，我利用班会课开展了"我喜欢的鼓励"活动。让每个学生说一说自己平时被鼓励的形式有哪些。

"当自己取得好成绩的时候，全家会出去吃一顿饭。"

"当我表现好的时候，父母会给我买玩具车。"

"我的妈妈几乎没有表扬过我，成天都是别人家的孩子好，我只在学校获得过印章。"

"妈妈经常说'你真棒'"……

接着我又问:"你们喜欢这些表扬形式吗?"

"已经没有新鲜感了。"

"开始还行,过了一段时间就感觉妈妈敷衍我。"

"我喜欢车,妈妈就一直给我买车。"

"从小到大都是'你真棒',都成妈妈的口头语了"……

"说一下,你最期待的表扬方式有哪些?"我追问道。

"我希望得到我心仪的礼物,不是我不喜欢的。"

"我希望能得到老师的拥抱。"

"我希望能自己做一天自己想做的事情。"

"我想让父母跟老师说说我表现得很好。"

"我想买一本自己喜欢的书。"学生们表达着自己的想法。

果然,这才是学生们内心最真实的想法。我把每个学生的想法记录了下来,决定运用之前学到的一个"课堂温度计"的奖励形式。所谓"课堂温度计"的设计是从零度到一百度,每个格子是一度,用温度计来测验学生被表扬的热度,每个学生被口头表扬上升一度,当所有学生被表扬的时候,每个学生都升一度,当达到五十度的时候,学生们就可以实现自己的一个小的愿望。这样,学生的兴趣被调动起来,这是化无形为有形的奖励。学生们纷纷参与,课堂的表扬不再是表层的,每个学生都希望自己的努力和表现能体现出来,而每个学生都有上进心,所以温度计的温度都是呈上升的趋势,这样可以让学生在表扬中找到自信。

暑假中听了一位校长的讲座,他说当学校的学生达到了某一个级别,会和校长合影,会和校长共进午餐。于是在采纳学生意见的基础上,我又表达了一些我的想法,最终形成了满意的奖励方式。表彰的形式是多样的,比如:自己选择代理一天班长的机会;自己找一个喜欢的同学当同桌一天;可以和老师一起合影;可以让老师给家长写一封表扬信;可以得到一本任课老师亲笔签名的书籍……因为是从学生的需求和自身成长的需要出发,所以学生们兴致勃勃,也树立起了"只有每步踏实的前行,才会有所收获"的观念,明白奖励和自身的努力是分不开的。而我,因为也是其中一员,所以我也把我的名字记录在了班级"温度计"的最前面,由学生监督表扬。这样,学生们因为我的参与兴致更浓厚,因为他们感受到老师在和他们一起活动。

过了一段时间,我发现,学生的规则意识增强了,行为规范了,课堂的各种习惯也不用一遍遍地强调着、唠叨着。特别是当学生们获得温度奖励的时候,他们的开心不但是因为达成了目标,更是为养成了一个好的习惯发自内心地高兴。

表扬的最终目标是为了帮学生内化为良好的行为,是为了不"奖"而"励",从而使学生去主动地学习。对于小学生而言,特别是中低年级学生,他们缺少主动性,还是需要借助各种表扬形式来鼓励,进而强化学生的好行为,形成习惯。做个用心的老师,从学生们的需求出发,针对学生的实际情况,因人而"奖",这样的表扬才是学生们期待的。

(于玲)

拒绝"出口成脏"

不知从什么时候起,学生群体讲脏话已渐成风尚。不管是在教室、走廊,还是在放学或上学的路上,也不管是两人私聊还是公共场合,但凡能见到学生影子的地方,大都可以听到学生"出口成脏"。

为此,我私下里问几个平日挺听话的女孩子:"为什么要说脏话?"她们的回答竟然是:"大家都说呀,网络上也很流行。"原来她们竟把这些脏话当作时髦语使用,当作同龄人之间交流的口头禅。甚至有的男孩子还觉得这样说话很酷。

针对这种情况,我及时召开了临时班会——拒绝"出口成脏",文明常记心中,首先我让学生们说说自己说脏话的原因:有的觉得好奇、好玩;有的是听其他同学说,不自觉地模仿了;还有的受电影、电视剧、小说中一些人物角色的影响,觉得他们这样说话很酷。

我接着问,那你们看电影、电视剧或文学作品里的那些口吐脏话的人一般都是些什么人呢?学生们想了想说:"好像是一些小混混、地痞流氓之类的。"我说:"对呀,口吐脏话主要是为了刻画坏人的粗俗、愚昧的丑恶形象。难道我们要向那些粗俗、愚昧的坏人学习?《小学生日常行为规范》告诉我们要讲文明、有礼貌。这是一个小学生最基本的行为习惯。而且,我们身为大哥哥、大姐姐,满口脏话会给一二年级的小弟弟、小妹妹树立一个极其不好的榜样,也会影响我们学校的整体形象。"听到这里,学生们一个个都低下了头。班长主动站起来承认错误说:"老师,我们错了。今后我们一定改正,也把这条'不讲脏话'加到我们的班规里,大家互相监督,如果谁再讲脏话,就要接受班规的惩罚。"学生们纷纷表示赞同,并愿意接受老师、同学们的监督。

从此,我们班形成了讲文明用语为荣,讲脏话可耻的班风环境,那些讲脏话已成习惯的学生也在同学们的监督下慢慢地远离脏话,走向文明。

讲不讲脏话不仅事关个人形象,是一个人文明素养的体现,更是一个民族、一个国家文明程度的重要反映。学生是我们祖国的未来,是实现中华民族伟大复兴的文明使者。学校、家庭、社会必须形成合力,加强学生文明礼仪教育,让文明成为当代学生的自觉追求。

（丛玲玲）

"微感动"撬动班级管理的瓶颈

最近几年,微信、微电影、微课程频出,可以说"微"风阵阵。这阵微风也吹进了我的班级管理中——"微感动"。"微感动"就是班级管理从大处着眼,小处着手,要求教师、家长、学生将身边微小助人瞬间产生的内心情感,分享到班级群,以此产生正能量,潜移默化地影响每一个群成员,达到教育管理的目的。

教师引领,走进心灵

某天清晨,我去班级进行常规检查,在楼梯拐角处遇到宇。他凑到我跟前,关心地问道:"老师,你这两晚上没睡好吗?""你怎么知道老师没睡好呢?"我好奇地问。他有点不好意思地挠了挠头说:"书上说眼圈发黑是没有睡好。"我微笑着说:"很会学以致用是吗?老师谢谢你!"说完我用力搓了搓脸,这两天确实睡得很晚,还有点失眠,没想到被宇发现了。宇是班里一个非常调皮的男孩,平日没少挨我的批评。没想到他还很细心,很会关心人,我心里有一种莫名的幸福感油然而生。

我把自己的感动写成了一篇小文,分享到班级群里,家长和学生们一致点赞,不少家长也发表了自己的感想。最关键的是我发现,宇更喜欢和我交流了,我们之间的关系更亲近了。有了第一次成功，我就有意地把自己和学生之间发生的"微感动"写成小故事，分享到班级群里面。慢慢地，不仅是我故事中的主人公们在悄悄地改变着，班风班纪也悄然改变，努力学习，助人为乐，已经蔚然成风，这让我有了不小的惊喜。

家长跟进，增进沟通

某个周天的晚上，晨的爸爸在班级群里分享了一个自己家的故事。

今天晚饭的时候，我做了儿子最爱吃的红烧肉。菜端上桌，儿子迫不及待，伸手就夹。我刚打算教育孩子："尊敬父母是中华民族的传统美德，吃饭的时候，要让桌上的长辈先动筷"。没等我说，只见孩子夹起的一块红烧肉，轻轻地放在了妈妈的碗里。我暗自庆幸没有说出刚才的大道理。我改口说："已经懂得帮助老爸照顾老妈了，真心感谢。"儿子又夹了一块肉送到我碗里。我之前一直觉得孩子很小，从没教给孩子要给父母夹菜，今天感觉孩子长大了，能理解父母的辛苦，我们两口子都特别感动。

群里的成员们不断为这位家长的微感动叫好。我也顺便建议家长们，大家都可以把自己与孩子之间的"微感动"故事分享到班级群里。晨给父母夹红烧肉这件事是偶然发生的，因为家长分享这些"微感动"之后，打动了孩子，孩子也体会到这种行为带来的幸福感，为父母夹菜也就成为孩子今后的一种自我约束力，每次都先给父母夹菜就成为必然。很快，一些家长就跟进了"微感动"，看到了家长们的"微感动"，孩子们仿佛一下子长大了，孩子们逆反的情绪少了，善解人意的时候更多了。

学生接纳，形成自律

有了老师的引领、家长的跟进，学生们从心底接纳了"微感动"，也愿意在群里分享自己的"微感动"故事了。

燕在班级群里分享了这样一段文字："我因为长得太胖，大家都叫我'大胖燕子'，我也想过减肥，但每次都管不住自己的嘴。今天跑操的时候，老师提醒我鞋带开了，其实我早就发现了，因为蹲下来解鞋带很困难，所以就没在意。老师再次发现我鞋带没系上，可能认为鞋带会绊倒我，也可能猜测到我太胖不方便的原因,所以就喊停了我,然后蹲下来帮我系好了鞋带。操场上有那么多同学,当时我被吓到了,现在挺感动的。我决定从今天开始减肥,让我这只燕子能飞起来,我也号召群里所有成员一起见证燕子的减肥计划。"这些"微感动"的故事,不仅让学生更加地自律,而且让学生懂得了什么是爱,什么是感恩。

随风潜入夜,润物细无声。"微感动"就像春风一样吹进了学生的心田,拉近了师生间的距离,增进了家长和孩子之间的有效沟通,提高了孩子的自我管控能力,也提升了班级管理效率。

（王虎）

手机之战 我们赢了

"老师,我真的没办法了,彬太迷恋手机了,不是把自己反锁在门里就是拿着手机上厕所不出来,也不和我们交流,打也打了,骂也骂了,就是不管用。你说怎么办呢?"

经了解,彬的父母平时忙于工作,经常不在家,彬很小的时候父母就给他买了手机,那时候父母曾为孩子比同龄人玩手机熟练而自豪。但随着孩子慢慢地长大,成长中的问题也渐渐浮出了。成绩后退、视力下降,特别是网课期间,彬经常迟到早退,父母才开始着急了。

彬的情况我知道,成绩不是很好,课堂经常走神,时常违反班级和学校的纪律,因为语言粗暴,朋友也很少。我曾把彬的这种表现情况告诉了他的父母,但他的父母觉得不是大事也没有重视,直到问题的出现。

从哪儿入手呢?他玩网络游戏时间长,让他直接放弃,不太可能;他虽然朋友不多,但邻班有个形影不离的哥们杰,他们经常在一起。想到这,我先去找到邻班老师,了解了杰的情况。

临近放学,我把彬叫到办公室,问他:"彬,告诉老师,你玩手机获得的最大好处是什么?"

"开心,有面子,网络中我都是大哥级别,带领一群小弟。"彬回答着。

"让自己心情愉快，这是个好处。你一般用手机做什么？"

"有时候不会的题查一查。"看我没有回应，他接着说："有时候也会打游戏。我和杰就是因为打游戏认识的。"

"三班的杰，我认识，说说他。"

彬开始聊起他们的相识经过，以及如何在网络游戏中并肩作战。言语中透露出他对杰的赞赏之情，同时又表示有点遗憾的是杰周末才有时间和他一起玩。

"据我了解，杰的成绩好像不错呢。"

"恩，他比我好，我每次都比他差一些，不管是游戏还是学习，真奇怪。"他的声音低了下来。

"你有没有发现，在玩游戏的时候你们一起努力，出考试成绩的时候，他居然比你高。"在这里我引入关键，我想让他知道他与周围的同学是有竞争的。

他点点头。

"猜猜看，假如你是杰，怎样做才能保证成绩一直在你前面？"

"我想他可能平时回家多做点题，或许在我看不到的时间读更多的书。"

"对呀，是拉着你一起玩游戏的人是好朋友，还是怕你的成绩下滑的人是好朋友呢？能督促你一起进步，一起指出问题的才是好朋友。"彬不吭声了。

这时，杰从门外走了进来，他把自己平时的时间安排跟彬做了介绍，同时跟彬表示，除了上网一起，学习上也会做个互帮互助的朋友。彬也表示自己愿意试试。

第二天早晨，彬的妈妈高兴地给我留言："老师，你知道昨天晚上发生了什么？彬回来就写作业，写完作业就看书，而且跟我要手机，他把所有的游戏全卸载了。这是我的儿子第一次主动远离手机，我太兴奋了。"

我给她提了个醒，告诉她不要高兴得太早，后面有更难的事情。过了一天，彬的妈妈又一次给我打电话，说彬在家哭了一晚上，他后悔他把游戏都删了，他觉得自己空落落的，没办法过了。

我告诉彬的妈妈，要给彬力量，如果情绪在可以控制范围内，就把手机放好，不要让他碰到手机，而且要有平和而坚定的态度，彬的妈妈表示配合。

白天我鼓励班级的同学主动和彬互动，晚上父母陪伴他。一周波澜不惊地过去了。

第二个周我找到彬，我问他这个周的感受。他说："老师，这个周，我一想到手机就想到哭，莫名其妙地想哭。"

"孩子，最艰难的一步你已经走过了，我认为你是最勇敢的孩子。"

"可是我越来越感觉到我做不了,我删除了那些游戏,我觉得自己坚持不下去了,可是怎么跟妈妈说她都不给我手机,我又不能发火,因为这个周爸爸妈妈也没有对我大声吼叫,对我还很关心。"

我说:"你应该谢谢妈妈,感谢她的这份坚持,如果妈妈做不到坚持,我们就前功尽弃了,这一步很难。你是一个孝顺的孩子,不愿意伤害自己的母亲。遇到这样的难处,不仅是你,那些沾染毒品、戒烟的孩子们,他们都很难,都得面对一个坎,只要坚持下去就能成功。在这之前,你能想象到你能坚持一个周吗?"

"以前不敢想,现在回想也很难相信我能一个月没碰到手机。"他不好意思地笑了笑。

"如果再给你选择,你还能坚持几天?"

他想了想,说:"再坚持一个月吧。"

"可是不玩手机,你都是怎么打发晚上的时间?"

"我就背课文,做做练习吧,实在不行我就早些睡觉。"

"你觉得你能做几道题?背诵几篇课文?"我尝试启发他树立目标:"我们来定一个每日目标,这个周我们就按照目标来做吧。我相信你能够毅然决然地远离手机,你远离手机游戏,成绩一定有变化。"

他眨眨眼睛,咬了咬嘴唇,点点头。

周四的小测,他兴奋地拿着进步了的卷子走进我办公室,自豪地跟我说,他这次考过杰了。他很欣喜自己有了进步。

我知道,班级里像彬一样迷恋手机的学生并不少,趁势我在班级里开了"建立手机防火墙"的班会,从手机带给我们生活的利弊入手。通过辩论,学生几乎都能分清手机在生活中的便利与影响,但因自身的自制力不强,每次想玩几分钟的时间都会不知不觉地被拉长到一个小时或者几个小时。最后往往以父母的唠叨、亲子之间的夺机大战结束。

鉴于此,彬主动在班会上分享了他的经历,并且告诉同学们他一直在坚持。学生们的信心被彬点燃了,我趁机建议他们从提高自己的自制力入手,制订一份《超越我能行》三方计划书,让他们把自己一周的"小目标"写入计划中,学生、家长和老师分别担当监督者,每周由彬来主持汇总,看看谁超越了自己,再共同商议谁还需要调整计划书。同时,为了更好地汇总问题和解决问题,家长们会经常在群里交流孩子的表现情况和沟通方法,群里气氛变得活跃起来。

我建议以家庭为单位制订使用手机的家庭公约,一起遵守并执行。父母晚上也放下手机和孩子一起阅读,一起打卡亲子日记、亲子阅读等,周末以家庭为单位带着孩子去郊外走走。

短短的两个月，在这场和手机的对弈中，彬变了，班里的学生们变了，家长们也变了，我们的班级也借此机会培养了一些好的习惯。问题就是契机！学生在成长的过程中，会遇到很多的问题，教师只要善于聚焦问题，找到破解方法，就会打开教育的另一道门。

（于玲）

居家学习管理记

疫情卷土重来，作为教育工作者，我们也再次开启了线上主播和线上管理的生活。说实话，我特别打怵上网课，因为网课期间学生不易管理。课刚开始一周，各种各样的问题就接踵而来：有不上线听课的，有作业不及时提交的，还有作业批改后不订正的……除了备课和批改作业，我每天还要打电话提醒学生按时上课，提醒学生及时订正作业，感觉自己每天都手忙脚乱，疲惫不堪。我不由地开始思考：居家期间，如何管理学生才能让自己的工作能够游刃有余？回忆之前学生管理中出现的种种问题，我一一探寻解决之法。

一、精细划分小组，实施学生自主管理

在居家的情况下，学生靠我一个人来管理好像不够，怎么办呢？对，借助大家的力量。我把学生们分成七个小组，每组六人，其中一名负责人，其余五人分别担任从周一到周五的小组长，每天提醒督促小组同学按时上课、按时提交作业和订正、按时参加体育锻炼等。负责人每天晨会前向我汇报当日小组长表现，如果当日小组长不负责，组内其他同学可互相提醒。当日小组长都精心制作了小组成员的记录表格，每完成一项就会在名字后面打上对钩，对于不按时完成的同学，则通过小组钉钉群或者钉钉电话进行提醒。

这样的管理方法极大地减轻了任课老师和班主任的压力。通常不需要老师反复催促，在小组同学的提醒下，大家都能按时上课，按时提交作业，学生们的表

现得到了任课老师的一致好评。

二、抓实日常管理，精心上好班会晨会

借助晨会，抓实日常管理。每天早晨，我都会提前一小时起床，精心准备晨会内容。我会打开前一天每节课的直播数据，看看有没有上课迟到的学生，迟到了多长时间；会翻看前一天每个学科的作业，看看哪些学生的作业被评为优秀作业，还有哪些学生作业没有提交；会点开微信群，看看哪些学生按时睡觉，哪些学生睡觉比较晚，并了解他们晚睡的原因；会浏览学生们在跳绳软件内参加体育锻炼的情况……于是，班会课就开始了井井有条的表扬和提醒。通过每天的晨会，我及时对前一天各项工作进行总结，让学生们知道老师一直在关注他们各方面的表现，并通过榜样引领，期待他们每天的进步。

通过班会，渗透思想教育。每周的班会，我通常会精心准备一下午的时间。我们的班会通常从一个故事开始，如自律小故事"鲍勃闯了一次红灯"、告别懒惰拖拉"寒号鸟的故事"、关于职责"同心战'疫''威'来可期"、体育锻炼"熊大熊二的故事"。我通过这些故事，对学生们进行潜移默化地教育，让学生们知道如何做一个自律、有责任感、热爱运动的人。随后我们还会进行每周自律小达人、优秀小组和优秀小组长的评选，并举行隆重的颁奖典礼。我会赠送给每个获奖学生一句颁奖词或者在视频会议中请他们说说自己的获奖感言，学生们都表现得特别兴奋和激动。通过这种正面表扬和榜样的引领，让学生们明确他们应该怎样做才能成为更优秀的人。

三、关注特殊群体，消除家长后顾之忧

为防疫人员子女开辟作业专线。疫情防控期间，最辛苦的就是防疫人员。不管是医护工作者、警察，还是志愿者，疫情防控期间都经常不眠不休，还不能回家照顾孩子。为了解除他们的后顾之忧，我及时了解班上家长的信息，发现我们班有很多学生父母都在防疫一线不能回家，学生住在爷爷、奶奶或姥姥、姥爷家里。了解到这些信息后，我及时地共享给班级任课老师，希望他们多关注这些学生的日常表现，多鼓励帮助这些学生。我也会经常利用课间操或者晚上的时间给学生们打电话，了解他们学习和生活上有没有困难、思想上有没有顾虑等。我们班的畅，爸爸、妈妈都在中心医院上班，疫情防控期间也被隔离在医院。畅特别聪明，就是比较磨蹭，每晚都要很晚才交作业。为了帮助她告别磨蹭，我专门为她开辟了交作业专线，我加了畅奶奶的微信，和她约定畅不用在钉钉群交作

业,每天通过微信交作业,有不会的直接问我,我发现畅有错题时会主动用语音为她讲解,同时及时表扬她作业书写认真、提交及时等。就这样,她的作业提交得越来越及时,她还被评为第二期"自律小达人"。家长很高兴,觉得居家学习期间孩子像变了一个人。

为表现不好的学生提供帮助。这里表现不好的学生是指上课迟到、不按时完成作业等的学生,这样的学生我们如何管理?我每天会利用课间操或放学后时间,给他们打钉钉电话,了解他们迟到、不交作业、睡觉晚的原因,并和他们一起想办法解决这些问题,例如定好闹钟、作业有不会的及时给他们一对一讲解。几乎需要天天给最调皮的学生打电话,但能明显地感觉到打完电话后,他的表现好了很多。就这样,我和学生们虽然不能见面,但我们经常利用电话沟通感情,所以班上的学生表现得越来越好,我的班级管理也就越来越轻松。

(毕可静)

南风悠悠暖人心

曾读过这么一则寓言,讲的是南风和北风比赛威力,比赛的项目就是看谁能把行人身上的大衣脱掉。北风首先发威,一上来就拼命刮,凛凛寒风剌骨,结果行人为了抵御北风的侵袭,把大衣越裹越紧;南风则徐徐吹动,顿时风和日丽,行人因此觉得春暖上身,继而脱掉大衣,南风获得了胜利。

这则寓言故事告诉我们:和风细雨的力量有可能强于狂风暴雨。教育学生也是如此,清风拂面,学生就会倍感温暖,如果以暴制暴,不但教育不好学生,反而更容易让学生逆反。

开学初,班里转来了一个学生小义,读三年级。送他入学的是他的姑姑,临走时她诚恳地对我说:"老师,您好!说实话,俺侄子学习习惯不好,平日又能惹事,麻烦您一定费心帮着多管教管教,学习成绩怎样都行,就是别整天惹事!"说实话,学困生我见得太多了,只要智力正常,自己又肯学,通过补习,成绩慢慢会跟上来的。可是眼前这个看起来放荡不羁的少年却让我隐隐有些担心,我想先观察几天再做进一步打算。

果不其然,刚上了几天学的小义就惹了许多麻烦:放学路上,他和一个同学打了起来;下课后,他和几个女生推推搡搡,给她们起外号……几次的谈心他都说:"好好好,老师,我一定做到!"可是,好了没几天,小义又恢复原样。种种情况使我意识到:这个孩子的问题很严重,如果不从根本上解决问题,转变他的可能性几乎为零。导致他这样的原因是什么呢?

周五中午,我约了她的父母和姑姑来到学校。经了解才知道,小义爸爸、妈妈离婚,妈妈带着他,溺爱孩子,管不了他,爸爸太忙,没空看孩子。于是,爸爸决定把小义送到姑姑家里住,由姑姑照顾小义生活起居,辅导他学习。立刻,我的心仿佛被什么东西蜇了一下,一时堵得慌。父母不亲自带孩子能行吗?姑姑的话能听进去吗?小义身上的问题根源在家庭教育,可是,家庭环境发生变化,孩子能适应姑姑家里的生活吗?孩子肯听姑姑的话吗?丢三落四的习惯能改掉吗?经过我们一起商量,姑姑决定和我一起努力来帮助小义。小义姑姑肯做些努力,改变小义就有很大的希望。我该怎么做呢?

教育学生,爱是必不可少的,但是对于这样一个学生来说,陌生人想贸然闯入他的世界,即使是在爱的名义下,恐怕他也难以接受,所以我一直在寻找一个合适的机会。学校召开运动会,同学们不计前嫌,有的摇着彩旗,有的拿着加油棒,纷纷拼了命地和我一起给他呐喊助威。他像一头小猎豹,拼命向前冲,最终他竟然跑了第一名。胜利的喜悦让学生们忘记了以前的不快,高兴地拥抱在一起,他也第一次感受到了班级的温暖。

《如何说孩子才会听,怎么听孩子才肯说》一书中提到:常常赞扬、鼓励孩子,尤其是当着别人的面,能使孩子产生成功感和荣誉感,从而增强他们学习和做事的信心。一个会捧场的老师,真的能改变学生的命运,让学生变得自信,活得灿烂。想到此,我决定今天的班会课就从赛场说起。

"同学们,今天运动会上,咱班哪位运动员给你留下印象最深刻?""小义同学最厉害,跑了第一名!""是呀,他太厉害了,第一名,为我们班争光了,老师真为你自豪!"我边说着,边向他竖起了大拇指。小义露出了灿烂的笑容,不好意思地低下了头。"还有谁想说?"学生们七嘴八舌地说了起来。每个人都有优点,正如罗丹所说:生活不是缺少美,而是缺少发现。"你还发现了哪位同学的优点?"有的学生赞扬小涵助人为乐,有的学生说梓轩同学打扫卫生间不怕脏不怕累,有的说雨涵唱歌很动听……就这样,学生们你一言我一语表扬了起来,被表扬的学生坐得更直了,尤其是小义,眼神中有了点自信,有了一种期待,更有了一种希望。我让每个学生给同桌写一张"夸夸你"留言条,在上面写写同桌的优点送给同桌。每位学生收到留言条,带回家贴在书桌上,时时刻刻提醒自己"我能做好,相信我能行"。

一点微光便可以照亮前进的路,在之后的学习中,小义慢慢自信了起来,他抬起头走路,和几个好朋友一起写作业、跑步、做游戏,在同伴的鼓励下,在我偶尔的"捧场"中,他慢慢发生了变化。班上的学生学会了欣赏对方,不再因为一点鸡毛蒜皮小事恶语相向,而是在困难之际伸出援助之手。我很庆幸,我尊重了他们,欣赏了他们,让他们在肯定中成长!

用尊重代替控制,用赞赏代替贬低,那个被不断认可的学生,在南风的吹拂下,一定能朝着我们期许的方向长大。

(王晓丽)

从一个圆开始

经过一个寒假和假前一段时间的网课,开学后学生们的状态有些散漫。第一周的班会课上,我对学生们说:"今天的班会课从一个圆开始,请大家发挥你丰富的想象力,把你由这个圆想到的内容画出来,并涂上颜色。"

话音刚落,大家的眼睛里便涌现出热切的光,迫不及待地动手画起来。展示环节,学生们的表现超出我的预期。最先被邀请上台进行展示的是第一个完成作品的小君,他说:"同学们好!这是我画的篮球,我用橙色画了球面,用黑色进行装饰。"听到这里我以为他的介绍已经结束了,他却又接着说:"我很喜欢篮球,而且一看到篮球我就会想到詹姆斯。""詹姆斯是一个非常优秀的篮球运动员,老师相信你的球技也会越来越棒。""老师,我一定好好练习,这学期带领大家赢下篮球比赛!"话音刚落,教室里便响起热烈的掌声,我不禁回想起上学期小君因为没有赢得篮球比赛而流下遗憾的眼泪。行为文化是班级文化建设中最活跃的部分,它体现了班级的精神风貌和群体意识动态。借着这一契机,我们一起回顾了上学期开展的丰富多彩的文体活动,看到黑板上方一张张奖状,我为我们取得的成绩而感到骄傲,让学生们意识到因为大家的团队精神和合作意识,才能收获一份份喜悦。

展示继续,"大家好!我画的是一个地球,蓝色代表地球上的海洋,绿色代表大陆上的花草树林。"有"小书虫"之称的方方介绍起地球来头头是道。"方方,能分享一下你假期中读过的书吗?""我很喜欢《奇妙的田螺》这篇文章,田螺它是那么有意思,既坚硬,又那么柔软,缓慢与机敏同在,读完这篇文章我很想去河边,仔细观察一下田螺的奇妙之处。""你的分享太棒了!同学们,这是学校发给方方的奖状,让我们恭喜方方在学校开展的寒假读书活动中获奖,也让我们向身边的榜样学习!"2022年底,中国青少年研究中心发布了《少年儿童偶像与榜样研究报告》,该报告在前期调查中抽取了北京、四川、陕西等六省市发放的调查问卷。调查对象为小学三年级至高中三年级的在校学生。报告显示,73.3%的受访少年儿童确认自己有榜样。统计发现,在受访少年儿童的榜样中,排名靠前的分别为父母、老师、运动员、同学朋友等同龄人、英雄或功勋人物、科学家等。榜样的力量是无穷的,我希望榜样的引领能对学生起着潜移默化的作用,从而形成积极、向上的学习氛围。

在大家分组展示完后,我问道:"同学们,知道老师在看到这个圆时,想到的是什么吗?"大家听了我的话,纷纷摇头。"大家请看大屏幕,老师想到的是我们大家的一张张笑脸。你们看,这是在队列比赛获胜后我们的笑脸,这是大家在读书交流中的笑脸,这是大家在喜迎兔年做年夜饭时的笑脸……在老师心目中,我们每一个人都像一个灿烂耀眼的小太阳,在我们的班级中发挥着自己的光和热。俗话说'人心齐,泰山移',希望在新的学期里,我们能紧紧团结在一起,挥洒我们的智慧和汗水,让我们在这春天的阳光里快乐成长。同学们,新学期加油!"不知不觉中,学生们如一棵棵挺拔的小苗般坐直,眼中闪烁着坚定的目光,举起小手握拳一起做出加油的动作。

新的学期,让我们从一个圆开始,也如同那圆圆的小拳头一般努力向上……

（牛霄燕）

"飞舞"的馒头

"老师,有人拿馒头打我!"小洁生气地喊道。

听到小洁的喊声,我连忙走到她的餐桌前,用怀疑的目光看着其他学生。"不是我扔的!""也不是我扔的!"……学生都急忙为自己辩解。

"老师,是小泽扔的!"一阵低低的声音传来。

"老师,他们也扔了!他们有时候还把自己不喜欢吃的菜扔到地上。"小泽急忙说道。

我看向地面,馒头、胡萝卜、葱头……横七竖八地躺在地上。

学生们发现我注意到了地上的食物,不再抬头,而是低着头看着自己的餐盘。

"谁扔的?"我生气地问道。

小泽站起来,小涵也站起来,陆陆续续有六七个学生站起来。他们低着头不说话。

"为什么扔?你们能说说原因吗?"我尽量克制住自己的怒火。

"老师,是他先扔我的。"小泽委屈地说道。

"老师,我不喜欢吃葱头!"小涵低低的声音传来。

"老师……"

每个学生都说着自己的理由,并没有发现自己的错误。从他们的交流中,我发现这种现象不止出现一次。我又问了班上的其他学生,大部分学生能认真遵守学校校规,所以一般不会浪费。这一代学生从小生活条件比较优越,不知道饥饿为何物,所以真要说到珍惜粮食,他们并没有什么概念。到底要怎样讲才能让他们真的觉得应该珍惜粮食呢?我觉得非常有必要开展一次有关节约粮食的主题班会课。

我在班会课上给学生们播放了红军长征的故事,让他们感受在那样恶劣的环境之下,在红军战士缺吃少穿的情况之下,粮食有多么珍贵,能吃上一口饭有多么不容易。很多学生在看的过程中也被触动而流下了眼泪,我趁热打铁让学生交流自己的感受。经过交流、讨论,他们珍惜粮食的意识更加明确,对养成爱惜粮食的习惯起到了很大的促动作用。接着我组织学生反省自己生活当中不爱惜粮食的情况,有的学生主动承认自己的错误,这样的反思使他们对自己在珍惜粮食方面的所作所为有了一个清晰的认识,明确知道了自己哪些地方做得好,哪些地方还有待提高,也让他们努力的方向更加明确。

培养学生的节俭意识,并不是一朝一夕的,需要将其融入日常班级管理中。

紧抓良好教育契机。当学生出现节俭问题,要及时紧抓契机对学生进行节俭教育,要针对班级学生食物浪费和节俭意识缺乏的问题,切实加强引导和管理,明确要求学生养成节俭的良好习惯,传承中华民族的节俭美德。

以身示范,厉行节俭。家校沟通,为学生创造节俭实践的小环境。处处有节俭示范,学生自然会认识到节俭的重要意义,并且逐渐践行节俭,将节俭内化为自觉行为和生活习惯。

加强宣传,营造氛围。可以通过班级文化墙、板报、主题班队会、手抄报、家校群等开展节俭主题宣传。比如通过晨会宣讲节俭小故事、在文化墙上粘贴节俭名言、开展主题班队会活动,让每一个学生学节俭榜样,用节俭知识宣传节俭风尚。

当节俭成为学生的习惯,他们就会成为勤俭节约的践行者,也会带动身边的人一起加入这个行列,空中就不会再有"飞舞"的馒头。

(于海丽)

爱流淌在孩子的心间

"春蚕到死丝方尽,蜡炬成灰泪始干。"教师的职责就是把知识传授给学生,用智慧和品格之光给学生照亮前进的路。三尺讲台,关系未来。教师肩负着祖国的明天,教师的事业是神圣的。我们要用爱心架起通往学生心灵的桥梁,照亮学生未来的路。然而我们一个不经意的小动作,却可能给学生造成伤害。

新学期开始,因为要挑选运动员,所以我就先在班上挑选了"备用队员",让他们站成一排,然后再次进行筛选。再次筛选的时候,被选中的,我就直接喊名字出队。而在挑选到琪琪的时候,因为一时想不起名字,我就用手去扯着他胸前的衣服想把他拉出队列。这时,我发现他的眼神当中闪过一丝惊恐,在确定是入选之后,这种惊恐随即消失。后来的一次聊天中,琪琪偶然间说起:"老师,你不知道啊,那天你挑中我扯我衣服时,我吓了一跳,我还以为我犯什么错误了呢。"他喘了口气,接着说:"我觉得通常是犯错的时候才会被老师扯衣服,幸好我不是。"琪琪说的时候虽然很俏皮,但他的话却让我的内心一颤:我一个不经意的动作,却给学生带来这么大的心理反应。这也引发了我很多的思考:原来学生是可以从老师的手势当中读懂老师的喜怒哀乐的。学生不仅在意老师的语言,老师一个小小的动作也会影响到他们。就像上文的例子,明明是一件高兴的事,但是因为我一个不经意的动作,非但没有给学生惊喜,反而带来了惊恐。

再想想平日我看到不听话的学生的名字出现在通告栏的时候,那股怒气会驱使我不分青红皂白先扯过他们的衣服再说;当学生因为马虎做错了题,我会不屑一顾地将他们的书本扔到一边;当学生的作业忘带了,我会马上劈头盖脸地一顿训斥。但是学生们却没有把这一切记在心间,回报给我的是一个个温暖的瞬间:有时候我在教室巡视时,垂下的手里会多出一个好吃的;节日里,他们会双手递上准备的小礼物;有时候,我的手心里会多出一个小纸条,里面装满了学生们的心里话,让我及时了解到班级动态……如此一个个小画面,串起来犹如一部小电影,让我醍醐灌顶,如梦初醒。就在前些日子,班级要举行跳大绳比赛,抢绳的学生有些累了,我走过去,对他说:"来,你休息会,我来抢会。"学生似乎有点不相信地看着我,这时旁边有学生说:"老师给我们抢绳子了,你还不快去休息?"看到我抢起了绳子,学生们跳得更加欢快、更加努力了。自那以后,我时时注意自己的一举一动。有一次快上课了,学生的课本还没找到,急得满头大汗。我走过去摸摸她的头安抚道:"别急,再仔细找找。"一个动作,一句话,瞬间抚平了学生的焦急。孩子背书时由于紧张,背得磕磕巴巴,我微笑着拍拍他的肩,告诉他别紧张,慢慢来。学生的紧张很快得到缓解……

我们常常说爱生如子,可是真正做到如此的又能有几人呢?相反,有些教师总是把自己放在一个高高的位置上,而让学生感觉我们离他们很远。这或许是因为担心与学生们太近而失去了威严,或许是因为我们工作太繁忙,没有时间与学生们有更多的亲密交流。但我们至少可以做到不要随便把自己的坏情绪转嫁到学生头上,我们也可以做到用一个温暖的动作传递一份美好的祝愿。就让我们把常常挂在嘴边的爱传导到我们的一举一动中,让学生收获满满的幸福。

教师代表着使命,也代表着一份责任。所以我们不仅要做学生的老师,更要成为学生的老师妈妈,无微不至地关心他们。学生是祖国的未来,就让我们化春蚕——用我们的才能,让知识的绸缎从我们身上延伸;当蜡烛——用我们的忠诚,燃烧自己给人间带来光明;做人梯——用我们的坚韧,让学生踩着我们的肩膀奔向新的征程。

（丛玲玲）

管理班级需"对症下药"

　　一个班级几十个学生,几十种性格,几十种举止行为,班主任既要像一位高明的医师,通过观、摸、听,很快查出班级中的"病号",又要像一位高明的药剂师,根据所诊病情迅速合理制药,力争取得"对症制药""药到病除"的理想效果。

　　每接手一个班级,我总是先利用班会让学生做自我介绍。这样,既为学生提供了在众人面前表现自我的机会,又能使我对他们有初步的了解。学生小林的特殊情况,我就是通过这种方法掌握的。仕那次自我介绍的班会上,轮到小林发言时,他站在台上,一言不发。看到这种情况,凭多年积累的工作经验,我知道他身上肯定有"特殊"情况。于是,我微笑着走上讲台,对学生们说道:"小林有秘密要偷着先告诉老师,今天在这里他就不发言了,好不好?"后来,通过了解,我知道了小林随母嫁到了新的家庭,生活上还不适应,进而产生了自卑情结。知道了这个情况后,我主动找他谈心,让他说一说自己新家庭的情况,说一说父母对他的关爱,使他感受到家庭的温暖。在"说一说家人的爱"的主题班会上,他这样写道:"我的爸爸、妈妈都很爱我,妈妈每天为我做饭、洗衣服,爸爸每天接我上学、放学,还陪我玩游戏……"虽然话语不多,却真挚地表达出了小林的内心情感。在他有了家庭归属感之后,我在平日的生活学习中更加关注他,让他积极参与班级的各项活动,逐步帮助他解除自卑的情绪。如今小林变得更加开朗、活泼、阳光了。

　　学生们的性格及思想基础各不相同,家长也是如此,有的家长通情达理,能主动配合学校做好学生的教育工作,有的则反之。学生小吕是个男孩,深得家庭宠爱,在爸妈面前要什么给什么,在爷爷奶奶面前"呼风唤雨",娇生惯养助长了他的许多毛病。在与同学之间发生摩擦时,小吕不会全面看问题,总说自己的理。

他的家长也不能正确认识和评价自己的孩子,总怕自己的孩子吃亏,哪怕是丁点儿小事,也要找到老师或直接冲进教室找学生理论。对这样一个学生,我很长时间没能开出好"药方"。后来我读了《教育中的心理效应》一书,书中讲了马太效应,即定势心理,这是我们常有的心理。如果一个学生特别顽皮,经常捣蛋,与别人发生摩擦,在我们的心中往往会给他定位为差生。其实即使是再顽皮的学生,他也一样有上进心,也会期待得到肯定。学校开展体育大课间活动,要求各班培养出优秀的领操员,小吕在体育课上表现很突出,借此机会,我决定帮小吕一把。我和体育老师商量让他担任班级领操员。小吕很是自豪,他也很努力,动作规范、到位,课间操那韵律优美的领操声得到了全校师生的好评。后来我找到小吕的家长,告诉他们孩子在校的表现,与家长一起分析了孩子的优缺点,指明对孩子护短的危害。最后,小吕家长的思想通了,小吕在成长道路上的"坎儿"也慢慢地减少了。从马太效应看,作为老师最重要的是善于挖掘学生们的亮点,克服定势心理,用发展的眼光看待学生,积极地与家长沟通。

班主任工作的风风雨雨让我深刻体会到:只有努力提高自身搏击"风雨"的能力,与时俱进地掌握一些教育方法与心理学知识,在班主任呵护下的"小苗"才能健康、茁壮地成长。

(牛霄燕)

"小刺猬"寻友记

有一天,我正在办公室安静地批改作业,班长把哭得上气不接下气的宸领进了办公室。我询问原因,宸立刻大声叫嚷着:"辰又笑话我了。"自宸转校以来,此画面几乎日日上演,且内容大同小异。

宸和辰都是我班的学生,放学后又在同一个辅导班,所以两人自然成了好朋友。平时下课他们经常在一起玩,可谓孟不离焦,焦不离孟。但玩不到一会儿,不是这个来告状,就是那个来投诉。需要说明的是,他们两人本就是班级里最爱告状的学生。我给他们调解了无数次,他俩握手言和后不久,又历史重演。

据观察，我发现主要原因在于宸，他对辰这个朋友特别在意又特别敏感。例如上课宸没有认真听讲，我批评他时他的关注点不在我，而是快速地看一眼辰，发现辰在笑着看他，就开始告状："老师，辰笑话我。"当他因为回答问题精彩被老师表扬时，他也是先看看辰的表情，发现辰笑着看他时，又开始告状："老师，辰又笑我。"我问："你没有发现他这次的笑和之前不同吗？他这次的笑是羡慕、钦佩的笑。"结果宸摇摇头，坚定地说："我觉得都一样，他就是笑话我。""那你希望辰用什么样的表情对你呢？哭吗？""对，我就希望他对我哭。"这样敏感而偏执的孩子你见过吗？

想到这里，这次我决定反其道而行之，不给他俩劝和，而是劝离。于是我对宸说："这样吧！既然你和辰日日闹矛盾，老师也劝和不了，那你们俩就别做朋友了，你们俩以后谁也别搭理谁。"一听这话，宸急了，说："我就只有他一个朋友。"听了这话，我心头一酸，不过还是接着问他："那你认为什么是朋友呢？""朋友就是平时在一起玩儿，还要互相帮助。"宸不假思索地说。"那你做到了吗？你经常帮助辰吗？""没有。""看吧！你们俩并不适合做朋友，还是分开吧！"同时我也告诉辰，不准搭理宸。

不出我所料，第二天宸就情绪低落地找到我，说想和辰做好朋友。于是我把辰也找来，询问他的意思，他表示也想和宸做好朋友。于是我说："什么是好朋友呢？好朋友是多站在对方的角度理解对方，而不是挑剔和不信任。历史上著名的管鲍之交你们听说过吗……"就这样，我把管仲和鲍叔牙之间的友谊讲给他们听，让他们明白理解信任对方才是真正的朋友。事后我也禁不住思考，为什么宸只交到了一个朋友呢？这事还要从头说起。

宸是四年级开学后转入我们班的，来了不到一个月，几乎全校闻名了，出名的原因是哭功：自己走路摔了一跤，坐地上哭得声嘶力竭，还是安慰不好的那种，必须哭够了才行；上美术课忘带彩笔了，也在教室哭得惊天动地……作为班主任，我更是焦头烂额，今天学生告诉我宸又违纪了，明天任课老师投诉宸在课堂哭闹，都没法上课。我私下做宸的工作，联系家长共同管理，都收效甚微。

可能是因他经常哭闹的原因，班里大部分学生都不喜欢他，背地里还说他像一只浑身长满刺的"小刺猬"，而经过一段时间的了解，如果要给这只"小刺猬"加形容词的话，那就是爱哭闹、爱告状、偏执、敏感、邋遢的"小刺猬"，当然宸也不是没有优点，他情绪好的时候上课回答问题特别积极，思路清晰，懂礼貌，每天主动向老师问好。

我能感觉到宸对朋友的渴望，正是因为他只有辰一个朋友，所以他才特别关注,格外敏感。要解决这个问题,需要从根源下手,如果全部学生都成为他的朋友,共同帮助他,他是不是就会有大的转变呢?

于是在一节班会课上,我先让语文老师把宸叫走,然后开始了主题为"你的人生需要朋友吗"的讨论。讨论过后,我说宸虽然缺点很多,性格也不完美,但他和大家一样渴望友情,大家愿意和他做朋友,一起帮助他吗?在得到大家的肯定回答后,我们又开始讨论如何帮助他。学生们纷纷建言献策,说让自理能力好的同学帮助他学会整理个人物品;让自律性好的同学下课陪他一起上厕所,身先垂范地演示上下楼梯需要注意的事项;让性格乐观的同学多和他相处,教给他如何不哭闹地解决问题和困难;让学习成绩好的同学辅导他学习……最后,我给学生们播放了一个小刺猬交朋友的公益广告,告诉学生们,用善良帮助宸,宸最终会收起满身的刺,变得和大家一样。

后来,我能看到学生们对宸的帮助,也能看到宸一点一点地在进步。尽管他现在偶尔仍然哭闹,但对比之前,真的是进步了很多。

转变一个孩子,不是一朝一夕就可以完成的,需要我们想办法从根源处入手,用善良点亮善良,用真心交换真心,播种希望,静待花开。

(毕可静)

我班的"学习群"诞生记

我出生在农村,在农村长大,师范毕业后一直在农村任教,非常了解农村家庭的困难,理解农村孩子的不易。一是多数孩子家庭条件较差,家长没有多余的钱买课外书供孩子阅读,更不能陪同孩子外出旅游开阔视野,造成了孩子的知识面狭窄。二是家长的平均文化水平较低,许多家长连小学四五年级的数学题都不会做,更别谈辅导孩子各门功课了。三是许多家长外出务工,每月甚至每年才能与孩子见几次面,孩子长期与爷爷奶奶生活,溺爱造成孩子过度依赖,不自理。四是单亲孩子多,长期缺失父母的爱,心理不健全。

当我认识到这些问题后,就一直在思考:如何能有效地帮助农村的孩子们走出去,将来更好地为祖国的发展服务呢?一位家长向我诉说孩子上网玩游戏成瘾的烦恼时,我突发奇想:能不能利用这些网络资源,义务帮助孩子们学习功课呢?这样,既可以有效地提高孩子的学习成绩,教给孩子健康上网,还能和孩子进行及时沟通,帮孩子进行心理疏导,补足农村家庭教育的短板。

我先在班上告诉学生们,晚上的作业可以通 QQ 发给老师批改。但学生们对此并不感冒,问其原因,有说忘记了的,有说妈妈不在家的,有说不会用的,还有一个学生直接说怕老师要收钱,总之各种理由都有。第一天晚上只有一个学生传作业给我看,于是,我只能采取表扬、加分等常规奖励手段和心理暗示等非常规手段,交替运用。然后利用班会时间辅导学生,在家长会上解释辅导的好处,取得家长的理解支持。慢慢地,在 QQ 上找我批改辅导作业的学生多了,和我无话不谈的学生多了,找我聊家庭教育的家长也多了。

为了能更好地辅导学生,帮助家长解决孩子学习中遇到的烦恼,也减轻我的工作压力,我建立了班级学习群"天天向上"。学生们学习中有不会的问题时,可以把原题拍照传到群里,向群内同学请教。会做的同学录制讲解微视频,发送到群内,供大家学习。一个问题可以由多人录制视频讲解,但解决方法不能相同。提问的学生和录制视频的学生,每人次发班级货币"铜币"一枚,作为奖励。这样做,提问的学生有了问题及时解决的通道,不至于因为家长不会而求助无门,能够快速解决学习中的困难。讲题学生会思考如何讲解,对方才能听明白,培养了学生的语言表达能力和逻辑思维分析能力。慢慢地,学习优秀的学生也会在群里提问一些难题。我看到后,一般都不急于解答,如果确实没有学生会做,我再录制一个微视频发到群里,供学生们自主学习。

记得有一次,群里一个问题难住了所有学生,好多学生私聊我,希望我出面解决。但我因为家里事情多,没来得及回复群内消息。一位家长就录制了一段微视频,帮大家解决问题。但好几个学生对这段视频的讲解提出了质疑,认为方法不对。又有好几个家长参与讨论,大家都不太肯定答案是否正确,争论得相当激烈。我订正的同时,也邀请群内家长一起参与到孩子的学习中。其中一个在日本打工的家长说:"这个群太好了,通过这个群,我既可以了解自己孩子的学习动向,又可以和孩子一起学习,一下子拉近了我和孩子之间的距离。"群里这样浓厚的学习风气,也带到了班级课堂上,孩子们的学习兴趣高涨,家长们也觉得自己压力减轻了好多。

我们班级的学习群"天天向上"就这样诞生了。德国哲学家雅思贝尔斯说过:教育是一棵树摇动另一棵树,一朵云推动另一朵云,一个灵魂唤醒另一个灵魂。我希望"天天向上"这棵小树能摇动周围的小树,带动整个森林,从而帮助更多的学生走好自己的人生路。

(王虎)

聆听"花"语

《读者》上有这样一个故事:某人有一个庭院,庭院中常常打扫得干干净净。有一次,他出远门,托朋友照看庭院。朋友很懒散,任由庭院中的植物自由生长。结果,石凳旁边冒出了一些绿绿的芽尖,后来开出了花。花很香,像兰花。朋友就采了一朵花和几片叶子去请教专家。专家说:"这是兰花中的一个稀有品种,叫腊兰,许多人穷尽一生都很难找到,如果在城市的花市上卖,能卖上万元。"

朋友将此事告诉了庭院的主人。主人听后愣了一会儿说:"其实那株腊兰每年都要破土而出,只是我以为它不过是一株普通的野草而已,每年春天,它的芽儿刚出土就被我拔掉了,我几乎毁掉了一种奇花啊!如果我耐心聆听花开的声音,那么几年前我就发现它了。"是的,正因为我们缺乏足够的耐心,所以有时没有弄清楚事情的来龙去脉就下定论,往往事如愿违。

"王老师,你班学生小勇在体育课把我们班孩子的头抓伤了,都流血了,你赶紧问问怎么回事?"

"王老师,你班小勇把我班的孩子摁倒在地上打,家长很气愤,今天找到学校了,要我马上处理,这是一个怎样的孩子呀!"孙老师气愤地说。我接连两天收到了关于小勇的投诉,心头怒火往上蹿,昨天刚刚严厉批评过他,可是没好两天,怎么又这样?

当天晚上,我赶紧打电话给小勇妈妈。了解了事情的来龙去脉:小勇第一次打架为的是输赢,爷爷领着小勇到同学家里道歉了,他只是去道歉而已,并没有认识到自己错在哪里。第二次打架,是因为同学骂了自己最亲的妈妈,而妈妈远在他乡,他非常想念自己的妈妈,他实在不能容忍,只能用拳头去解决这个问题。想到这些,我气愤的情绪慢慢消失,不由得同情起小勇来。一个孩子,爸爸、妈妈不在身边,谁来为他做主?他只能用拳头武装自己,让自己强大起来,这样才能不受别人的欺负。

我这才了解,原来小勇爸爸是一名司机,天天在外跑长途,无暇顾及孩子。妈妈到韩国打工常年不在家,就把孩子放在爷爷、奶奶身边。父母跟孩子沟通很少,只是偶尔通个电话。爷爷、奶奶又很溺爱孩子,就这样,小勇成了家里的小霸王。

我终于找到了小勇这样做的真实原因:一个缺少父母爱的孩子,他是多么渴望爱,渴望爸爸、妈妈陪伴在身边。那用哪一种方法能最有效帮助这个孩子?我陷入沉思。小勇长得很高,比同龄孩子能高出一头,内心也非常敏感。我在班上批评他,恐怕他难以接受,也必定会伤害他的自尊心,怎么办?正在我不知所措的时候,我的目光停留在了我家的月饼上。刚过中秋节,本来是全家团圆的节日,小勇的爸爸、妈妈都不在身边,虽然他不缺月饼,但一定缺少父母的陪伴,明天就从月饼开始吧。

第二天,我带着家里的月饼来到教室。"同学们,今天我想请父母不在身边的同学一起补过一个中秋团圆节,一起分享月饼。"同学们感到惊喜,大家互相看了看,有一个学生勇敢走到前面来,另一个学生走了过来,紧接着,一个一个走过来,小勇也跟着走了过来,我过去拉着他的于。"来吧,孩子,今天老师就是妈妈!我们一起品尝月饼。"我把月饼分给他们吃。学生们高兴地吃着月饼,细嚼慢咽,感觉这是世界上最好吃的月饼,看着学生们开心的笑容,我打开了话匣子。"同学们,我现在就是你们的妈妈,你们爱我吗?你们希望我被骂吗?"学生们都摇了摇头。"那如果有人骂我怎么办?"学生们你一言我一语地说起来。"如果挥拳去解决这个问题行不行?"在学生们激烈的讨论中,小勇慢慢地低下了头。下课后,我问小勇再遇到这种情形怎么办。小勇流着泪说:"以后再也不会这样做了。"之后我们俩敞开心扉聊了很多,小勇也明白了面对同学的无礼应该怎样做。

关注每个学生,关心每个学生,关爱每个学生有多么重要!正如俄国教育家乌申斯基说:如果教育者希望从一方面去教育人,那就必须先从一切方面去了解人。的确,教育人就要全方面去了解每一个学生,了解事情的前因后果,真正看到事情的本质。我们不要盲目去批评,而应该追根求源,对症下药。相信真心沟通,一定会打开学生内心的那扇门,有效帮助学生解决问题。倾听学生内心的声音,和每个学生的家庭保持真诚积极的沟通,这样才能保证学生们的健康成长!

(王晓丽)

播种良好习惯　收获辉煌人生

这样的场面总会让老师为之叹气：大清早走进教室，里面闹哄哄的，学生喧哗的、扔本子的、奔跑打闹的都有。学生们可能不知道这样是在浪费时间，可是老师实在为虚度的时间感到惋惜啊！"一日之计在于晨"，制定好该有的班级规章制度，使学生懂得安排自己的时间，养成良好习惯在此说来非常重要。

作为班主任，我对学生有了更多的了解，我也发现了一些有趣的现象：无论交上来的什么作业，把本子干净、书写工整地放一堆；把本子破烂不堪、书写潦草地放在一堆，一看名字，我就发现作业干净工整的大多都是成绩好的学生，而作业潦草的大多都是成绩不理想的学生。再例如经常不完成作业，经常做事丢三落四的也大多都是成绩不好的学生；经常违反课堂纪律的也是他们。好的习惯决定好的成绩和好的表现。正是因为很多好的生活和学习习惯没有养成，才导致了一部分智力很不错的学生，样样都学不好。作为班主任，我们在教给学生们知识技能的同时，也要注重培养学生们良好的习惯。

一、找出病因，有针对性地进行训练

我总听一些家长反映，他们的孩子每天做功课都做到很晚，并不是因为功课多，而是因为做事拖拉，边写边玩。我也发现班里学生在写作业速度方面的差距很大。于是在平时的教学中，我对课文进行精讲，预留一些做功课的时间，根据时间的长短，布置适量的作业让学生在课堂上完成。每次的要求不尽相同，有时先完成的可以做自己喜欢做的事情；有时没完成的放学留下来做完再走；有时完成的不再布置家庭作业，没完成的除了做完课堂上的作业，还要再额外增加作业；有时来个挑战比赛，我在黑板上抄题做，我写完就擦掉，看谁我写完他就抄完……每次不同的要求，对于学生们来说非常新鲜，也很有诱惑力，他们很乐于参与，在不知不觉中，做作业的速度上去了，注意力也集中了。

运用此方法的时候，要注意目标的设置一开始不要太难，要循序渐进，以学生稍努力就能达到为宜，要让他们体验到成功的喜悦，才会激发他们下一次行动的动力。

二、良好习惯的培养要从小抓起

孔子说过,"少成若天性,习惯如自然",意思是,小时候养成的习惯会像人的天性一样自然和牢固。学习习惯一般在小学低年级就形成了。日本心理学家调查了从小学四年级到高中三年级学生的学习习惯,结果表明,学生随着年龄的增长,其学习习惯的得分并不增加。所以尽早养成良好的学习习惯是很重要的。年龄小的时候,良好的习惯容易巩固,不良习惯也便于纠正。小学阶段是人的成长的起步阶段,也是人的基础素质形成的开始阶段,班主任要抓住这个时机,培养学生养成好的生活和学习习惯。

养成一个好习惯很难,但要改掉一个已有的坏习惯更难,在工作中,我深有感受。如果学生在一年级刚入学的时候,一些必要的行为习惯和学习习惯没有养成,就会为以后的工作开展带来很大的障碍,可能要付出几倍的力量去扭转、改变,成效还不一定明显。所以,我认为,对于班主任来说,刚开学开好头非常关键,决定着以后的工作能否顺利开展。以前,我没当班主任的时候发现,学生们在吃完午餐的时候,总是把碗和勺子摞在一起放,而且放得乱七八糟,导致后面的学生还没有放,桶里的盘子和勺子已经高得像一座小山,而且还摇摇欲坠,更有甚者像在练习投篮一样,远远地就把盘子和勺子抛过来,"叮咚"声此起彼伏,我知道这个好习惯他们还没有养成。因此,我当上了班主任后,就在一开始把吃午餐的要求讲给学生们听,盘子要轻轻放齐,勺子要单独放在桶里等等,对做得好的学生及时表扬、鼓励。由于一开始就这样做,学生们觉得没有什么两样的,也不觉得麻烦。经过一个月的时间,我们班的学生们中午在饭堂吃饭时,都能做得很好,我心里感到一阵欣慰,我知道,这个好的生活习惯学生们养成了。

三、教师恰到好处的评价是孩子习惯养成的催化剂

一个好习惯的养成,是不断地重复再重复的结果,是在人头脑中建立起来的一系列条件反射。而在这个过程中,教师及时恰当地表扬和肯定,是学生习惯养成的催化剂,为了再次得到表扬和肯定,学生就会再次地去重复这种行为,久而久之,好习惯就根植于学生的行为中。

例如,有一次是我值日,我负责早上站在门口护送走进校门的学生,我发现有很多学生不会主动和老师打招呼,看到这一情景,我心里很不舒服。于是我就留意我们班能主动和我问好的学生,当他和我问好后,我也微笑着说一声:"你好,真是个有礼貌的孩子!"我看到了他脸上开心的笑容。到我上课的时候,我

又在全班同学面前,表扬了这些学生,并希望学生们能向他们学习。第二天,我发现前一天和我问好的学生,笑得更灿烂了,问好的声音更响亮了,而且问好的队伍中又出现了许多新的面孔。像这样的例子还有很多,在工整的作业下面写上一句"你的作业写得真认真!"再打上一个甲++,对于学生来说就是至高无上的奖励了,而我得到的回报就是学生交上来的是更加漂亮的作业。

哲学家詹姆士说:"人类本质中最殷切的要求就是渴望被肯定,而学生更是如此。"赞美是阳光、空气和水,是学生成长中不可缺少的养料。班主任作为教育者,不妨拿起表扬的武器,对学生的点滴进步都给予发自内心的表扬和赞赏,努力让每个学生都能感觉到自己的进步。只要你是一个有心人,学生们一个又一个好的习惯就会在你的细心与爱心的呵护下层出不穷。

然而,在培养良好习惯的过程中也不乏曲折,结合实践,我觉得在教育过程中也要注意以下一些问题。

首先,正确面对学生已存在的不良习惯。作为教师应该认识到每个学生都追求上进,都希望获得别人的肯定和赞扬,他们不想犯错误,更不想故意与老师作对,他们之所以犯错是因为他们已有的习惯。了解了这点,教师在教育学生的过程中就会减少一些情绪化的语言和手段,多一些理智的思考。

其次,协调学生的"知"与"行"。学生知道了要做什么,也知道了为什么要这样做,但做起来时往往会因为主观的或者客观的原因而不能顺利地进行,这时就很有必要对"知"与"行"进行协调,注意调查、了解情况,及时给予指导,或与学生一道寻求方法解决问题。如有些学生总是忘记戴红领巾,了解情况后得知,学生多数情况是因为换衣服时不注意取红领巾下来,或者取下来随地一扔,第二天上学匆忙就把此事忘了。针对这个情况,一些学生建议放学回家后就把红领巾放书包里,这样就可以解决这个问题了。

三、持之以恒,笃志前行,虽远必达

良好习惯的养成并非一朝一夕之功,它需要学生长期努力,需要教师不断地督促引导。教师要允许学生习惯形成有个过程,对学生进行行为规范训练,必须持之以恒,像滴水穿石一样,一点一滴,经年累月,使养成教育真正变成学生的内在需要。学生要密切与教师配合,一步一个脚印,坚持不懈,这样必能养成各方面的良好行为习惯。

"播种一种习惯,收获一种性格;播种一种性格,收获一种人生。"培养学生良好的习惯是我们每个教育工作者的重任,让我们携起手来,让学生们奏响生命

中的动人音符,打造出属于他们的辉煌人生!

（于明珠）

厕所旁边的"风景"

又到了课间跑操的时刻,我还是像往常一样,在前面领队。跑完两圈,转身一看,人少了好几个。

"他们人呢?"我问军体文员。

"老师,他们上厕所了,"小跃趴在我耳朵旁说,"老师,我刚刚听他们在讨论不想跑操,商量着一起去厕所旁边的秘密基地玩。"

过了一会儿,小宇跑过来,捂着肚子说:"老师,我肚子有点不舒服,想上厕所。"说完,脸上还露出痛苦的表情。

我看着他,没说话。小宇眼神躲闪着,"去吧!"我拍了一下他的肩膀。他向厕所的方向走去,还不时地回头看着其他学生。果不其然,小涵也过来说他要上厕所,我点点头。我继续跟着队伍一起跑步。

在经过厕所的路口时,我停了下来。走到厕所门前一看:几个人聚在一起谈笑风生,肚子疼的小宇也没有一丝痛苦的表情。看到我走了过来,他们脸上的笑容消失了,像是在等待我的狂风暴雨。我走到他们面前说:"不想跑步?"

"嗯!"他们一起点点头。

"老师,太累了。"小涵小声地咕噜着。

"我也不想跑,这样吧,咱们跟那些跑步的同学商量,以后我们班不参加跑步了。"我微笑着说。

"老师,真的吗?"他们不可置信地看着我。

"真的!"我肯定地说。

第二天跑操的时候,我把全班学生带到厕所旁边所谓的"秘密基地",学生们很新奇看着其他班的学生跑步。第三天,学生们没有了新奇,多了些茫然。第四天,还没开始跑操,一个学生就说:"老师,我们今天就跑操吧!"其他的学生也跟着附和着,其中小宇的声音最大。

"为什么要跑,这样不是很好吗?也不累,我们就这样继续站着。"我若有所思地看着学生。

"老师,这样我们班就全体违反学校的纪律了,会扣分的!"一个男生喊道。

"对对对,老师。"其他人也跟着附和着。

看着学生们的反应,他们已经意识到了自己的问题,但是应该怎样改,学生一般认为只要他们继续跑操就可以了。我觉得应该临时召开一次班会。

班会课上,我先肯定了学生的近期表现:"我们班是一个优秀的班集体,取得了很多成绩,班级环境令人羡慕,这是大家共同努力的结果,也是我们要全力爱护的。这几天在跑操中出现的情况虽然挺糟糕,但我认为主要是大家不重视造成的。以前有很多比跑操更困难的事,我们都做到了,而且做得很好。我相信,小小一个跑操的问题,我们一定能解决!今天我不批评大家,而是与大家一起讨论怎么办。"

接着学生纷纷反思了自己出现的跑操的问题:跑步的时候说话,有时候装病。有的学生提出大家共同制定跑操的规则,就这样,有关跑操的班级管理制度就出炉了。在制度的约束下,接下来的跑操情况非常好。由于大家重视,前一阵的混乱局面不复存在。

大面积的集体违纪,像传染病一样,会从一点迅速蔓延开来。出现这种情况,班主任要对全班学生进行教育疏导,切忌冲动发火,学生明白道理之后,就会制订解决问题的具体方案。

(于海丽)

班级荣辱　我之责任

——唤起学生们的责任心

现在的学生普遍缺乏责任感,别说对集体的责任心,就是自己的事情也是毫不上心。丢三落四、忘东忘西都是常事,一旦出了事第一反应就是推卸责任,毫无担当。责任心是一个人能够立足于社会,获得成功与幸福至关重要的人格品质。责任心的缺失使我们这些"祖国的花朵"的将来令人担忧。

为了帮助学生们树立起责任心，我绞尽脑汁，但总是收效甚微。终于一次文艺比赛让我看到了曙光。手脚不协调、五音不全的我，每每遇到这样的比赛，总是头疼，无从下手。此时我脑中灵光一闪，何不把这次的重任交到学生们的手中，这不正是树立学生们责任心的一个好机会吗？

"同学们，学校要组织文艺比赛，可是老师是个'音乐盲'，五音不全，动作不协调，实在是指导不了你们，你们说怎么办啊？"我故意苦着一张脸，向学生们诉苦道。

学生们一听说还有老师解决不了的、不会的问题，一下子来了精神。

"老师，我在舞蹈班学舞蹈，我可以给大家指导。"

"老师，我可以给班上找音乐。这个我最擅长，而且我妈妈还会下载。"

"老师，我可以和瑶瑶一起为大家编动作。"

…………

大家争先恐后地说道。

"那我就把咱们班的荣誉交到同学们的手中了，老师就安心地给你们做助手，负责好你们的后勤保障工作，前方的冲锋陷阵就靠你们了。"

"没问题。"

"交给我们了，老师您放心！"

"老师，您就等着我们胜利的消息吧。"

…………

从那天起，学生们就自主组织起以班长和文艺委员为首的"文艺演出小分队"，小分队的学生们利用课余时间进行排练，而其他学生则忙进忙出地自觉进行后勤服务，我这个班主任则成了最闲的人。由于学生们的齐心协力，最终的结果也很令人欣喜。捧着得来不易的奖状，学生们的脸上有着掩不住的骄傲。我由衷地赞美道："同学们，这份荣誉是属于你们的，是你们所有人努力付出的结果。老师为你们感到骄傲，相信今后在你们的共同努力下，我们的班级会越来越好！"

学生们的潜力是无限的，我们要想唤醒这份潜力，就要唤起学生们的责任心。作为老师和家长，我们要相信孩子们，要学会示弱、学会放手，给他们更多展示自我的机会，而不是事事代劳，把他们养成衣来伸手、饭来张口的"小皇帝""小公主"。

（丛玲玲）

全员运动激内力　五育融合促发展

——文昌小学构建全员运动模式提升学生健康路径的实践研究

一、推进情况

（一）学习研磨　明晰思路

（1）2023年3月21日，课题组成员及班主任骨干教师一行9人驱车400多公里前往淄博市周村区正阳路小学实地考察。齐鲁名校长李强和体育团队详细介绍了他们在全员运动会上的做法及成效。"关注体质弱势群体""体育是最能够激发孩子去进行自我教育的教育"……此次学习使我们对全员运动会的育人理念有了全新的认识，更为我校全员运动会的举办明晰了思路。

（2）2023年4月20日前，我们先召开了20多次各种形式的研讨会，结合我校情境教育实验校、红色故事进课堂实验校的实际，校长亲自主持，课题组成员反复研讨，决定此次全员运动会以"红色＋情景"为背景主题，为全员运动会的开展找准了方向。

（二）网络助力　集思广益

2023年4月26日，全校老师参与了《中国学校体育》杂志《草根争鸣》关于"全员运动会的组织策略"的论坛。全国各地专家、教师从全员运动会的精神内涵、比赛内容设计、评价办法、组织体系等方面畅谈了经验，让我们进一步明确了全员运动会"一个都不能少"的精神内涵，比赛内容力求竞技性、展示性，评价要多样性的特点。本次线上教研为我们运动会的开展奠定了坚实并有指向性的实践基础。

（三）措施落地　抓地有痕

（1）认真学习借鉴，灵活运用外校先进理念和创新做法。

（2）制订全员运动会详细工作方案。

（3）启动"零点体育"，在快乐大课间、三大球等常规训练队的基础上，增设健美操、花样跳绳、轮滑等特色课程。

（4）充分利用"全员运动嗨起来"体育成绩展示板。学生的各项体质项目等级用镂空的小红花标注，清晰醒目，可以激发学生运动兴趣。

2023年4月初,张宾主任和江华科长特地到我校视察了"零点体育"开展情况,对此活动予以充分的肯定和鼓励。2023年4月24日,张宾主任和邹存亿科长来学校视察时,对阶段成绩展示给予了肯定与指导。

（四）全员运动　以体育人

2023年4月28日,我校邀请了张宾主任、江华科长、赞助单位领导及300多名家长参加了此次盛会,社会影响力极大。本次运动会创新点如下:

第一,主题鲜明,寓情于景。本次活动是首届"强少年体魄 传中国精神"红色情境全员运动会,以"红色情境"为主题背景,选取24个中国精神制作成手举牌用于入场式展示,展示结束后粘贴在校园围栏上,营造出浓厚的红色育人氛围。五一假期,学校鼓励学生探索中国精神背后故事。

第二,项目设置再现"红色"。学校结合国家体质检测项目,采用"吸纳＋改造＋创造"方式创设适合学生年龄特点的体育项目,以贴切的红色印记命名,如"抢占高地""金戈铁马""翻山越岭"。比赛中,配以《十送红军》《保卫黄河》等革命歌曲,让学生在进行体育锻炼的同时,体验革命前辈团结合作、坚韧不拔的革命精神。

第三,开幕超燃,精彩纷呈。各班级及特色队用武术、篮球、足球、韵律操等活动精彩亮相;全校统一的健美操展示,更显文昌学子奋发向上的精神风采;科技组的飞机、火箭现代科技展示让开幕式超燃。

第四,项目全面,全员参与。本次运动会共设置30个比赛项目,每年级6项。其中一项全员参加,其他项目任选2个参加。所有项目不重复,五年一循环,每个学生每年都有期待感和新奇体验。

第五,评价方式创新多样。采用家长、学校、个人多层级评价方式,激发学生参加活动的兴趣。

团队奖:所有年级一班身着橙色分队服,称为橙队,其他班依次为绿队、粉队、黄队、蓝队。五个竞赛单位平均成绩最优的为"优胜队",次之为"拼搏队",余之为"活力队",赛后颁发锦旗。

年级奖:各年级按照成绩奖分三等。

个人奖:各班推选优秀学生,颁发奖品。

（五）全员参与　提升满意度

社会团体和家长捐助活动资金,为学校购置了队服,租赁了舞台、拱门;有的家长提供了音响等器材;更多的家长热情高涨地担任了裁判、班级协管员角色,为全员运动会提供了全方位服务。

会后,我们从家长反馈中得出 100％的满意度,从学生的"我看全员运动会"的小调查中得出"我爱全员运动会"的结果。家长和学生的高度评价增强了我们对课题研究全面推进的信心。

我们会让运动会成为教育场地,总结全员运动会经验,聚焦运动能力、健康行为、体育品德 3 个核心素养,实现育体与育心一体、体育与健康教育融合的教育目标,创建以体育人品牌。

（于昌伟　马鲁强）

第四篇　个体·改变

作为班主任，我经常在想："如何激活班级的'界外生'？如何让学生更加自信？"……身为班主任，对教育工作的热忱，对学生发自内心真挚的爱，会给学生鼓励，会给他们带来蓬勃生长的力量。正如世界上没有完全相同的两片树叶，世界上也没有完全一样的学生。面对不同有学习问题、家庭问题或心理问题的学生，班主任要能够运用专业理论知识和心理学知识进行分析，尊重学生成长规律，科学地给学生或家长帮助和指导，智慧育人。

李镇西老师曾说："对教育的爱大家都是一样的，对教育的执着大家也是一样的，如果我有什么不一样的地方，仅仅是对这份爱与执着多了一点思考并用笔将其记录下来了。仅此而已！"本篇章主要分享班主任与学生、家长之间真挚的育人点滴、有效的家校沟通、智慧的教育案例……记录了一段段学生个体成长的故事。每一个故事，都能给我们带来一些启迪和思考，在文字中寻找着自己的教育理念与教育情怀，感受着与学生一起成长的幸福，享受着教书育人的快乐与美好。

教育的路上，我们探索着、分享着、成长着。师泽如光，虽微致远，期待着每一朵花都有属于自己的春天，期待着每一棵小苗都能成长为参天大树……

看见每一个学生

　　曾看到这样一个传说：传说皮格马利翁是塞浦路斯的国王，生平非常喜欢雕刻。他雕刻出了一个精美的少女雕像，甚至无法自拔地爱上了这个"少女"，还给她取了名，并且真心地想要"少女"接受他的爱。皮格马利翁每天都会与"少女"亲吻和拥抱，但是"少女"依旧是一座僵硬的雕像，皮格马利翁非常绝望，一度陷入了痛苦的单相思。后来皮格马利翁又想出用供奉神明的方法来祈祷女神的帮助，结果当他再次回到家中之后，少女雕像真的活了，它的脸开始慢慢地有了真人的血色，并且嘴巴也在缓缓地张开，甚至露出了甜美的笑容，而皮格马利翁就正式将其视为自己的妻子。这就是著名的皮格马利翁效应。皮格马利翁效应告诉我们，期望是能创造奇迹的。期望对于人的行为产生巨大的影响，积极的期望促使人向好的方向发展。因此要想使一个学生发展得更好，就要对学生持以积极的期待。

　　有一天早晨我在班级检查作业，发现女学生萱的作业不翼而飞，而且本子中间有被撕掉的痕迹。

　　"谁看见了萱的作业？"我问道。

　　结果全班学生一致摇头，表示没看见。

　　"难道作业自己长翅膀飞了？"在学生们的哄笑中，我把全班学生的作业挨个检查，终于在女学生瑶的作业本中找到了。

　　我把瑶叫到面前，非常生气、声嘶力竭地喊道："你撕掉的作业？"

　　我问了三遍，瑶始终眼神平静地看着我，否认了三遍。当时我一度怀疑自己批评错了。

　　"那你的作业哪去了？"我又问。

　　"老师，我写了，我也不知道怎么回事。"她依旧一脸平静道。

　　这时我深吸了一口气，俯下身子，把手放在瑶的肩膀上说："老师知道你是一个自律的孩子，你看，从开学到现在，你每天晚上的作业都能够及时完成，是不是昨晚发生了什么事呀？能告诉我吗？"

　　这时瑶大哭起来。"老师，我昨晚作业真的写完了，可是让我妹妹给我撕了。"我蹲了下来对她说："老师能够感受到你心里很生气，也很委屈，是吧？刚开始我发现你的作业里面是萱同学的作业，没有你的作业，我当时很生气，实在不敢相信这件事情发在你的身上,因为你在老师心目中一直很自律,是能按时完成作业的。现在老师听了你的原因之后,我很高兴,因为你能够告诉老师实情,因为你确实也写作业了。"

看到她情绪平复之后,我又接着说:"那你说这件事情该怎么解决呢?"

这时瑶立马说:"老师,我今天中午补上去。"

"嗯,我相信你。以后再有什么事情可以第一时间告诉我吗?"瑶点点头。

刚才案例中,我们可以从这个学生撕别人作业的错误的行为中看见学生背后的积极行为,那就是她也想完成作业,只是因为一些原因导致无法上交作业。如果我们只是一味地盯着学生没有交上作业这一错误行为怒不可遏,用发火等方式惩罚学生,这种情绪化的表达很多时候不仅不会让学生的错误有所改变,甚至会适得其反,反而强化了学生的错误行为,学生可能变得变本加厉,更加取巧,想方设法钻空子,以规避惩罚。有了这个觉察,我及时修复了情绪,调整了策略,运用赢得合作的步骤四部曲:理解,表达出对学生感受的理解;共情,表达出对学生的同情;感受,告诉学生你的感受;问题,让学生关注于解决问题。这样问题就迎刃而解了。

当学生在日常生活中出现不良行为时,我们要从学生错误的行为中看见学生背后的那颗向上的心,给予学生关注、尊重、理解,并相信每一个学生,给予他们心理支援,他们便感觉获得了支持,从而变得自信、自尊,获得一种积极向上的动力,改变自己的行为,朝着我们期待的目标持续发展,获得成长。

(毕建英)

别急 请先给学生的心灵解码

今天是复课的第七天,在刚刚过去的近两个月的网课学习中,相信很多教师和我一样,常常会收到来自家长的各种诉苦或求援。学生失去了老师的督促指导,和父母长时间共处一室,经常要面对父母的唠叨和指责,难免出现不同程度的焦虑、烦躁等心理,如果不及时发现、适时疏导,可能会酿成严重后果。

　　还记得 2019 年那个漫长的寒假,一天,我刚下了网课,就接到一通来电,电话里传来小雯的啜泣:"老师……我好痛苦啊……"小雯是一个内向的姑娘,心理年龄比较成熟,积极上进,网课以来一直严格自律,表现优异,所以她的哭诉实在让我意外。后来,在小雯断断续续的叙述中,我了解了她痛苦的缘由:小雯七岁时,弟弟的出生转移了全家人的注意力,她在家庭中经常被忽略。小雯的妈妈是名手术室护士,工作压力很大,日常生活中注意力大都倾注在二宝身上,对小雯缺乏耐心和关注,网课期间更是经常对她指责、批评,这种不公平的待遇导致小雯变得敏感,甚至常常陷入自我怀疑。此外,父母间时常爆发的争吵也加剧了她的恐惧和焦虑。

　　哭诉完的小雯听上去冷静了许多:"老师,和你说完这些感觉好多了,没那么难受了,谢谢您听我说这些。"那时的我,以为这只是一次平常的情绪宣泄罢了,简单安慰了小雯几句我就挂了电话。可是后来,这样的电话小雯陆陆续续又打来四五次,在每一次的通话中,我都能感觉到她被巨大的痛苦撕扯,又努力地挣扎着想从这种痛苦中解脱出来。

　　我开始意识到,小雯的心理可能出现了问题。于是,我赶紧向学校的心理老师求助。经过商讨,大家一直认为,网课期间学生的心理健康问题需要引起重视,于是学校决定在心理课上,指导每一个学生都画一幅房树人的画,给学生们米一次房树人绘画测验。希望能借此系统地了解学生的心理健康状况,并进行科学的干预指导。

　　由于我对房树人专业知识只是略知皮毛,所以汇总完学生们的绘画后,我将小雯的画和其他一些较难理解的画一起发给了国家二级心理咨询师李贺云校长。李校长为此特意邀请所有家长,举行了一次线上讲座,集中讲解、分析学生们的房树人绘画。

小雯的画《不一样的一家人》

　　小雯的画中呈现的场景,体现出家庭非常不稳固,她缺乏安全感,内心非常压抑、痛苦,生活没有目标、充满无力感。画面中,妈妈和弟弟关系更亲密,小雯感到很孤独,渴望妈妈的陪伴和关注。

　　听完李校长的讲座,小雯的妈妈给我打了一通长长的电话。这位强势的母亲第一次意识到,自己和孩子之间的相处出现了很大的问题,她内

小雯的画《不一样的一家人》

疼、懊悔，又感到无助。值得庆幸的是，一切都还来得及。后来，小雯的妈妈毅然推掉了手术室护士的工作，调到了相对轻松的岗位，她也听从了专家的意见，带小雯去看了专业的心理医生，小雯的心理状态慢慢有了很大改善。

而我，在此后的网课学习中，也不再动辄因为学生失常的表现而怒发冲冠、歇斯底里，我更愿意先走进每个学生的心里，去洞察每种行为背后隐藏的心理动机——打开了心结，很多问题自然迎刃而解。

（王晓丽）

当面对"顺手牵羊"时

"老师，你要发给我的奖品笔不见了。"小钰跑过来委屈地说，眼里还含着泪。"课间操还在，上体育课回来后就不见了。"我拉着小钰的手，走进教室。"小钰的奖品被谁拿走了！"我的声音有点生气，学生们一听，连连摆手，异口同声地说："老师，没看见。"我站在讲堂上，观察每一个学生的表情，没有一丝破绽。我平复了内心的怒气，走到走廊上，待了片刻，又回到教室。"同学们，不属于自己的东西不能拿，地上捡的东西也是不属于自己的，要归还失主，如果谁那里有不属于自己的东西可以先交给我。"我面带微笑地说。

下课后，小艺找到我，左手拿着小钰的笔，右手还不停地捏着衣角，小声地说："老师，这支笔落在了我的书包旁边，我看见后就把它放在书包里了，不是我故意拿的。"看着小艺闪烁不定的目光，我心里就明白了是怎么回事。

"你能主动归还说明你知道自己的这种行为是不对的，能告诉老师原因吗？"我搭着小艺的肩膀，柔声问道。

"老师，我很喜欢那支笔。"小艺眼里露出了渴望的眼神。

"你喜欢可以告诉老师啊，下次积分奖励你也可以兑换，这支笔对于小钰来说，是她一个周努力换来的成果。"我与小艺交流时，一直在观察她的表情，她的眼神中透着内疚之色，我又继续说："优秀的学生都敢于承认自己的错误。"

"老师，那支笔我是在小钰的桌洞里面拿的。我错了，不应该偷……乱拿别人的东西，我应该跟小钰道歉。"小艺眼里透着不安。

"你主动归还了别人的物品，还敢于承认了自己的错误，以后不能犯同样的错误了。"我拍了拍小艺的肩膀。

小艺看着我，像是终于松了一口气，手不再摆弄她的衣角了。其实学生看到自己喜欢的物品就想"顺手牵羊"的情况时有发生。当面对这种情况时，要么给学生讲这种行为的危害，要么就是严厉批评来纠正这个不良行为。我们应该认真分析事情背后的原因，不能莽撞处理。

首先，从心理学上来说，学生有偷的行为，是占有欲在作祟，有的学生占有欲特别强，这是一种常有的心理现象。有的学生认为"只要是我喜欢的，那就是我的"。即便他们模糊地知道自己的行为是错的，但是因为自制力较差，自己喜欢的东西就想要去拥有，所以还不能很好地约束自己的行为。这次小艺的事件我也反思：起因是我那与众不同的奖品，如果没有这样的诱惑，是不是小艺的事件就不会发生？面对诱惑时，学生该怎么做？我们要正确引导：靠自己的努力获取，而不是靠"拿"。

其次，改变错误的教育方式。当我们第一次发现学生的这种行为时，若如临大敌，狠狠批评，或者从嘴里冒出"偷"的字眼，过度的情绪和暗示反而引起学生的好奇。作为老师，我们处理此类事情时要非常谨慎，要让学生明确，未经允许，拿别人的东西是不对的，重要的是如何教育学生处理已经"拿"回来的东西。小艺事件通过"捡—归还"步步引导，让学生自己认识到错误，同时及时给予学生表扬和鼓励。

当面对学生"顺手牵羊"时，我们要循循善诱，给学生一个台阶缓冲，让学生主动将"羊"回归原位。学生在成长的过程中，难免会出点小问题，就像一棵树苗会长歪一样，教师切不可忽视，更不可漠视、歧视，要及时发现并帮忙扶正。

（于海丽）

快"马"加"鞭"催奋蹄

每接一批新生，我都习惯在开学第一个月花大力气培养学生们养成良好的学习习惯，例如专注听讲的习惯、认真书写的习惯、积极回答问题的习惯。

这学期开学不到一周，班上有个男孩睿就引起了我的注意，因为课堂上我总能看到他亮亮的眼睛和高高举起的手，他回答问题思维敏捷，思考有深度。与这种表现相反的是只要书写，他就写得歪歪扭扭、横七竖八，有时候写的内容我甚至都看不清。我把他叫到我身边写，他可以写得很清晰、很漂亮，看来这是个爱动脑，但懒于动手的学生，怎么教育和帮助这类学生呢？

我先和他面对面沟通了一下，"知不知道老师为什么要求同学们要认真书写？""知道，您上课说了，字是人的一张重要名片，同时我们升入初中、高中后要电脑阅卷，不认真写电脑不识别……""既然都知道，为什么不好好写？"睿低头不语。我接着又进行了一番心灵鸡汤教育，自以为达到了教育效果，就让他回去了。结果第二天睿交上来的作业仍然潦草不堪，第一次单独教育宣告失败。于是放学后，我特意等到睿的爸爸来，又和他进行了一番交谈，我把孩子的优点和认真书写的重要性一一和他分析。睿爸爸无奈地表示，他和睿妈妈每天需要上12小时的班，有时候上夜班，没有办法监督孩子书写，都是孩子奶奶看的，但是他又不听奶奶的话。沟通到最后，他表示回家让睿奶奶严格要求。随后的很多天，睿的作业一如往昔，没有改变。无奈，我又把电话打给了睿妈妈，睿妈妈说孩子从小就有些逆反，越批评越不好好写。我建议换一种方式，看到孩子写得好就表扬一下，激励孩子好好写。她再次表示和睿爸爸因为工作原因，没时间关注孩子书写。于是我和睿妈妈商量能不能和睿爸爸调班上，确保有一人能在家关注一下孩子。睿妈妈说不行，因为她不会骑车，必须和睿爸爸一起上班。第二次家校联手教育仍以失败告终。

从这两次沟通我发现了问题所在，家长想管，但没有时间。但归根到底，还是对孩子的这种不好的习惯不够重视，从而不能积极地想办法应对。如果是我的孩子，我一定会和孩子爸爸调班上……但我们没办法把自己的想法强加到别人身上。所以和家长合作这条路走不通，我只能靠自己了。

我另辟蹊径查找睿升级时的数学成绩，令我非常吃惊，只有七十多分。说实话，在我心目中，按照他上课的反应和表现，最低也应该是九十分，看来他不认真书写的习惯真的严重地拖了后腿。我暗暗下定决心，要努力帮他一把，让他成为一个成绩优秀的学生。

我从课堂入手，课堂上关注他的书写，书写认真就大力表扬，书写不认真就及时提醒。慢慢地，他的课堂练习书写越来越规范。下面只剩下作业书写了，怎么解决这个问题呢？

我决定放学后把睿留下来看一段时间，等作业都写完了，再让家长来接他回家。在我陪伴的这段日子，他的书写越来越认真，做题正确率也非常高，我和家长都感受到了他的进步。但这不是长久之计，我不可能一直陪伴他，如何提高他的自制力，让他养成独立认真完成作业的习惯呢？

两周之后，我们进入改变的第二个阶段，我和他比赛书写，让他回家独立完成作业，我也写一份，第二天我们互相给对方评等级，获胜的加1分，平局双方都可以加1分，累计到一定分数，可以兑换奖品，就像学校的诚信超市一样。在这个阶段，他的作业书写有反复。还记得有一次，因为他写得过于潦草，我在给自己加1分后，让他重写一遍，他不满地嘟囔："为什么老盯着我，别的同学也有写得不够好的，怎么他们不用重写？"他的话让我想起了"快马加鞭"的故事。于是我把全部同学的作业摆在他面前，语重心长地说："首先，我要说明一点，虽然有的同学作业写得也不够认真，但你的书写不如他们，是最不认真的。老师有个问题想问你，假如我要去太行山，用一匹马或一头牛来驾车，你打算鞭策哪一个呢？""当然是马，因为鞭策它可以让它跑得更快。牛不管怎么鞭策，它也跑不快呀！"睿自信地回答道。"对呀，老师就是把你当作千里马，才会鞭策你，对你提出更高的要求，让你跑得更快呀！"他似有所悟。

之后，睿作业质量有所提升。一个月之后，睿找到我，说："老师，您这段时间天天陪我写作业，辛苦了。我感觉自己现在自制力提高了很多，我想申请接下来的日子，自己独立完成作业，不用您陪我一起写。我每天晚上写完，在QQ拍照传给您看，如果您觉得不合格，我自己撕了重写。"听了他的话，我感到非常欣慰，感觉睿长大了，也懂事了，于是欣然答应了。之后每晚，我都会在QQ等待他传作业，不看对错，只看书写。一段时间以来，他大部分作业都是合格的，但也有两次不合格，他很痛快地重写了一遍，再没有半点怨言。因为书写规范了，他的数学成绩明显提高了，课堂小测经常是满分。看到他的进步，我由衷地感到高兴，他的家长也对我表示了感谢。这些其实都不重要，重要的是我看到一个爱动脑的学生终于回到了自己的轨道，不会因为一些不好的习惯而偏离了人生道路。

（毕可静）

留守不失守

"老师,您尝尝饺子!"刚打好饭回来的我,还没反应过来,餐盘里就多了两个饺子。

迎着翔闪烁的目光,我咬了一口:"恩,鲜美!"听我说完,翔才端起了筷子享用着他盘子中仅剩下的六个饺子。

他大口吃着馒头,嘬着嘴小口地吃着饺子,嚼着、享受着。从表情上能看出来他对饺子的喜爱。

"来,你也尝尝这两块红烧肉味道如何。"说完,我用他的筷子在我的盘中夹了两块肉给他。

他也不客气地接住了,"好吃,老师!"

"口味合适吗?"

"合适,真香。"

"来,帮老师都吃了!"我把早晨从家中带的肉都倒进了翔的餐盘里。

"老师,两块就够了……"

"老师要减肥。"看着翔吃得津津有味的样子,我扭过头转到一边,不让翔感到不自在。

提起翔,我便有一种心疼,他是留守儿童。他亲生母亲在生下第三个孩子翔之后离异,父亲离开了家,而母亲也带着两个年长的双胞胎孩子去南方打工,把嗷嗷待哺的翔过继给了大姨,所以从小翔便称呼自己的姨父和姨妈为爸爸妈妈。翔的妈妈年近六十,为了生计,平时住在建筑工地为工人煮饭,只有周末,翔才能见到妈妈,而爸爸因为翔不是亲生儿子,对他不是很亲近,每次放学后都是翔回家洗衣、做饭,然后等爸爸回家吃饭,收拾完饭菜才拿出自己的书本学习。

随着逐渐长大,翔也开始对自己的身世产生了怀疑,懂事的他怕妈妈看出自己的心思,常独自对着户口本发呆。有一次妈妈碰到了,翔慌忙中把户口本放在抽屉里,勉强地笑着对她说找本子。本子就在桌子上的,他怎么会看不到呢?他只是疑惑为什么自己的名字不在爸爸、妈妈户口上,而在很远的南方的姨妈的户口本上呢?妈妈告诉翔,他出生的时候户口本丢了,就挂在了姨妈的户口本上,后来就一直没有改。翔虽满脸疑惑,但用力地点头以表明自己的懂事。家长会上,翔的妈妈把这些事情告诉我的时候,我就明白,那么聪明、敏感的翔,随着长大,有些事情已经懂得了，之所以不提，就是怕伤了妈妈的心。

和翔一样的还有媛，媛是阳光的。提到她，我脑海浮现了一幕一幕开学以来的情景。

"老师，您快走，来闭上眼睛跟我走，我要给您一个惊喜！"

"惊喜！我喜欢惊喜！"说完我闭上眼睛，把我的手给了媛，媛拉住我的手，"抬脚，再往前走两步，向左转……"我跟随着她的口令前进着。

"好了，睁开眼睛看一看吧！"随着她哼唱着颁奖的旋律，喜悦的声音让我迫不及待地睁开眼睛。她把多媒体的门打开，一个很小但很红的苹果出现在桌子上。

"就这，苹果？"我半信半疑地问道。

"嗯，惊喜吧！"

看着她兴奋的样子，我点着头配合着她："这是你带来的？"

"不是的，这是我打扫卫生区的时候，看到它在花坛边上，我问了周围的同学，他们都说不是自己的，于是我就把它给带回来并洗了。您每天很辛苦，这个苹果就给您，肯定特别甜。您尝尝！"说完，她喉咙动了一下。

看着媛兴致勃勃的样子，我心里一酸：苹果是我们这常见的水果，对我已经没有多大的吸引力了，而媛的反应和我小时候见到新鲜的水果一样，兴奋、惊喜。对和她同龄的孩子来说，苹果当然也是司空见惯了，可接触到媛的目光时，我却能感受到媛的那份期待与渴望。

"媛，谢谢你的用心，你看这样行不行。既然这个苹果现在属于我，那我就做主把这个苹果奖励给你。奖励你是老师得力的小助手，是同学学习的榜样。"

"谢谢老师，那我可以把苹果放在书包里吗？"她瞪着那双盛满喜悦目光的眼睛征询我的意见。

看着我点头的默许。她又自言自语道："晚上我带给姥姥吃，她一定会高兴的。"

"哦！这样子的啊！那你放学你等我一会。"我忽然想起我办公室里有一兜苹果。

放学，我把我的苹果递给了媛，媛跟我鞠了一个九十度的躬，开心地走了……

皖也是其中的一员，课堂上时时看到他高举的小手，经常听到他响亮的回答。他也是敏感的，我深深记得一次运动会的时候，他自我推荐要求跑一百米，我迟疑的态度引起了他的不满。"老师，您不相信我能为班级争光吗？"

"我是担心你的体力,已经跑了两次了。"

"不,老师您就是不信任我!您要是信任我,就让我去跑。"

"脱下外套,跑去!"

"得令,我一定带着奖品回来!"他脱下了校服。

自信的他果然带着奖品回来了。

还有娟,还有杰,还有……

一个个留守孩子、一幕幕情景、一篇篇的记忆从脑海中倾泻而出。

翔、媛、皖代表的不仅仅是一个家庭,更多的是留守儿童的家庭,为了生活得更好些,许多的父母背井离乡到异地打工,把孩子留给了家中的老人,孩子长期得不到父母的疼爱,性格有的孤僻,有的自卑,有的敏感多疑……

面对这样的学生,我尽全力陪他们聊聊天、玩游戏,记得他们的生日,与他们一起分享蛋糕,也会准备一些小礼物给他们惊喜,经常拍一些他们的小视频给他们远在异地的父母,让他们感受到自己处处被爱着。每一个学生都有独属于自己的"星空",多倾听他们内心的声音,走进他们的心中,只有走进心灵的最深处,才能让他们的"星空"闪烁,留守而不失受守!

（于玲）

倾听心灵的声音

犹记得开学第一天,小丽悄悄地递给我一张纸条。上面写道:"老师:您好。我虽然嘴说不清,手不好使,但您不用担心我不能背课文给您听,我可以默写给您看!您也不用担心我写字太慢,因为我会经常练习!老师,您别把我看成特别的,不让我干这干那。我在家经常帮妈妈扫地、铺床、擦桌子……老师,我和其他同学一样,我也是个好学生。您不用为我担心。"

接手这个班之前,我就听其他老师说起小丽的情况:这是个特殊的学生,脑瘫给她留下了后遗症,说话不清楚,手不能伸展,写字只能用两只前臂夹着笔来写,比普通的学生晚上学……读了她写的信,我在感动的同时,又强烈地感受到这个学生多么渴望融入班集体,成为大家眼中一名普通的学生,渴望能为班级献出自己的一份力量呀!

是啊,小丽虽然乖巧、学习不用操心,但她的脸上缺少笑容。通过观察,我发现也许是年龄的差距,学生们与小丽的交流很少。下课了,她只是默默地坐在位子上看看书。但她看到同学们在一起玩耍时,眼中会不自觉地流露出一份渴望、一份向往。怎样才能让她成为大家眼中一名"普通"的学生呢?在思索中,迎来了学校开展的"书画庆中秋"活动,小丽不但写了一篇精彩的《话说中秋》,而且还画了一幅《嫦娥奔月》,均获得了校级比赛的一等奖。何不利用这个机会,促进她与同学之间的交流呢?于是在班会上,我展示了她的习作和画作,赞扬她为班级获得了很大的荣誉。在同学们羡慕的目光中,小丽的脸颊染上了两朵红云。随后,我又读了《美丽的毛毛虫》一文,希望大家能以平常心来对待这个大姐姐。此后我又多次利用习作课让学生欣赏小丽的佳作。慢慢地,放学时会有人帮小丽收拾书包,吃饭时会有人帮小丽打开饭盒,下课时常能看到她和大家一起玩耍的身影……

偶然的机会,我更多地了解了小丽的内心,也慢慢地打开了她的心灵之门。有一次,当我打开她的彩笔盒时,一沓纸飘然而落。我带着好奇弯腰捡起,一首首清丽的小诗映入眼帘:"蒙蒙细雨悠飘下,清风微吹雨倾斜。疏雨落地出轻声,瞬间得见银白花。""春到此处花来迎,花开并蒂处处连。鸟语乱啼春意浓,桃花娇艳鲜如虹。"当读到《少痍》《望诉寂寞》时,我的眼睛湿润了,"少幼病来袭,成长苦抑抑。求学路艰辛,闻歌心痛忍。心语千千万,字字难言谈。""唯我一人独在家,忧忧漫步几来回。寂寞心中牢牢缠,不知与谁能言谈。"就像有人说的,人的心灵像春天的原野,遍地盛开着五彩缤纷、姿态各异的花朵。这些发自内心的文字,深深地震撼着我。我把这些诗打印成册,当小丽的《成长诗集》在班中展示时,学生们不由自主地发出一声声赞叹,而小丽的眼中溢满泪水……

在明媚的阳光下,看着小丽脸上日渐洋溢的自信与微笑,我更加相信老师对学生尊重、平等对待与赞扬,用心去倾听学生心灵的声音,才能让学生扬起自信的风帆!

(牛霄燕)

让学生的人生绚烂多彩

学生们就像一张张洁白无瑕的白纸，慢慢地被我们涂上各种各样的颜色。这些颜色要如何来涂，要涂成什么颜色，一切都要我们来决定。那我们要十分小心，让我们涂上的颜色绚烂而多彩。

有一次，在批阅数学考试卷时，我发现有一张试卷被当成了演算纸，上面被画得乱七八糟，刚想发火，再一看却是学生做的算术题。凭着教师的直觉，我知道这个学生一定恨透了学习，以这种方法来发泄自己的不满。我马上翻看姓名，只见上面写着——晖。我很是吃惊，马上想到了那个整日躲在角落里一声不吭的小女孩。

她是一个永远引不起老师注意的女孩子，从不举手回答问题，上课总是把头低低地趴在桌子上，再加上本就矮小的身体，使她就如同不存在一样。这张被涂成了演算纸的试卷竟然是她的，我深思着：是不是我遗漏了什么我应该知道却不知道的很重要的东西？

于是，我对晖做了一个详细的调查。我发现晖的性格很内向，下课的时候别的学生都跑出去玩，她却总是一个人待在座位上。而且，通过调查，我知道晖的父母对她的学习很重视，但是她的智力比较差，别人一遍就能学会的东西，她却十遍八遍也学不会。于是，她的父母把所有的时间都花在了她的身上。从一年级开始，她的父母就每天晚上都对她进行辅导，在看她做完作业以后，她不会的题型总要再出三四道题让她做。对老师第二天要讲的知识，晖的父母也要在头一天晚上先讲一遍。甚至在星期天、节假日，他们也要对她进行辅导，从不让她和其他的小朋友一起出去玩。有几次，晖实在憋不住了，就对父母说："为什么别的小朋友可以出去玩，我却不可以？"她的父母回答说："因为你太笨了，别的小朋友都会了，你却不会。"当我听到这些，眼泪不禁在眼眶里打转。她不过是一个孩子，却被剥夺了童年的乐趣。我想如果是我，我也会反抗，我也会痛恨学习的，也许会做得比她更过分。我决定找她的父母好好谈谈。

在我们的交谈过程中，晖的父母感慨地说："老师，你说我们就这一个孩子，我们把所有的希望都放在了她的身上，其实我们也不想整天逼着她学习，看着她写作业，可是我们能不管她吗？如果我们都不管她，谁来管她呀？"

我语重心长地对他们说："我真的很佩服你们，在你们的身上，我看到了父母对孩子的无私奉献,我真的被你们深深地感动了。可是,我们教育孩子不仅要付出,而且更要讲究方法,如果方法不对,只会使孩子产生逆反心理,你们说是吗?"

"可是我们究竟要怎样做才对呢?"晖的父母一脸困惑地看着我。

"首先要把快乐还给孩子……"

"难道我们就让她玩,不管她吗?那她不是更加什么也不会了?"没等我说完,晖的父母就焦急地接过我的话。

"不,我们不是不让她学习,而是要培养她的学习兴趣,我们要让她觉得学习很有趣,要让她自己爱学习、想学习,而不是要逼着她学习。"

"这可能吗老师?她从来就不爱学习的。"晖的父母怀疑地问。

"我们试试好吗?让我们相信孩子,也相信自己一次。"我用恳切的眼神望着他们。

"好吧,"他们终于同意了我的意见,"可是,除了让她玩,我们还要做些什么?"

"像以前一样为她检查作业,但是,不要额外地增加她的作业,也不要批评她,而要多表扬鼓励她。我在课堂上也多表扬她,让她对自己充满信心,相信她自己也可以学得很好。"

"她真能做得到吗?"

"我相信她,我希望你们也能相信她好吗?"

"好吧。老师我们相信你,希望我们的努力不会白费。"

"一定不会白费的。"我露出了真心的笑容。

那次交谈以后,我们都为晖的转变而不停地努力着。当我在课堂上第一次提问她的时候,她用一双像受惊了的小兔子似的眼睛看着我,迟迟没有说一句话。我心里深深地刺痛了一下,我微笑着用鼓励的眼神看着她,可是她还是一句话也没说。我走下讲台,来到她身边,摸摸她的头说:"不要紧张,告诉老师这题你会吗?"她抬头看看我,过了一会儿终于轻轻地点了一下头。看到她对我的问题终于有了反应,我高兴极了,就用更加温柔的语气对她说:"你可以把答案告诉大家吗?"她又看看我,过了一会儿终于像做下了一个重大决定似的点了点头,然后用小小的声音把答案说了出来。我激动得大声把她的答案重复了一遍,然后问:"同学们,你们同意她的意见吗?"

"同意。"学生们异口同声地说。

"晖回答得这样好,而且这样勇敢,我们是不是应该鼓励她一下?"

"是。"教室里响起了一片掌声。

晖的脸上露出了第一个真心的笑容。

下课后,我故意叫来晖和几个学生一起玩跳绳。我说:"我们来比赛看谁跳得最多。"

"好。"学生们都争先恐后地要与我比赛。

刚开始的时候,晖只是站在一边看,看到同学们比输了就抿着嘴笑。当同学们一个个都败下阵来的时候,她突然很小声地说了一句:"我跳得比他们快。"一直在注意着晖的我听到了这句话,高兴地说:"那我们来比比试试,到底谁厉害。"晖听到我要和她比试马上低下头,腼腆地想躲起来。

"晖,快上呀,老师要和你比试呢。"学生们一听我要和晖比试,马上来了兴致,不断地催促她上场。在学生们再三的催促下,她终于拿起了跳绳和我比试了起来。结果,出乎大家的意料,晖的绳跳得特别好,竟然真的跳赢了我。

我兴奋地说:"晖,没想到你这么厉害呀,真是深藏不露呀,连老师都被你打败了。"

"哇,晖你真厉害呀,你连老师都赢了。"

"是呀,是呀,你是怎么练的呀?教教我好吗?"

"还有我,还有我,我也要学。"

············

学生们围着晖七嘴八舌地说了起来。从没有受到如此重视的晖兴奋极了。

后来,我上课经常叫晖起来回答问题。随着时间的推移,她回答问题的声音越来越响亮了,而且还会主动地举手要求回答问题。我从她的眼睛里慢慢看到了自信的光芒。课后她也不再一个人待在教室里,而是高兴地和同学们一起出去跳绳、踢毽子,甚至还真的有模有样地教起了同学们跳绳。

晖的父母也看到了孩子的转变,他们高兴地找到我说:"老师,晖真的变了,她现在都不需要我们看着她写作业了。一回到家,她都会很自觉地打开课本写作业。而且,她不会的地方都会主动地来问我们,不像以前我们给她讲她都不愿意听。有时候她觉得自己哪个地方不是很会做,还要求我们给她出几道题再做做试试呢。她现在性格也变得很开朗,不那么内向了。"

看到晖的转变,看着家长闪着光芒的眼睛,我的心情无比激动,我知道我的付出有回报了。

孩子们的童年应该是幸福而且绚烂多彩的。我们不应该凭着自己的喜好而扼杀了孩子的天性,就让我们一起共同努力,为孩子们的人生画上最绚烂的一笔。

(丛玲玲)

靠近你 温暖你

种子的生长需要阳光、空气、水,而孩子的成长需要家长、老师密切配合。然而家长对学生的期望我们是否了解,我们的教育方法又是否能得到家长认可呢?家访就是解决这一问题的桥梁,沟通和信任从这里起航。

在我刚接手我们班时,小焌是第一个走进我视线的学生。开学的第一节课,我就发现这个学生上课经常走神,不注意听讲,不遵守纪律,学习成绩差,我从他的眼神里看到了他的心事很重,也存在自卑与逆反心理。

如火如荼的线上家长会,他的家长没有参加,也是当天唯一没到会的家长。第二天,我单独和他进行了交流,询问他家长没来的原因。刚开始,小焌说妈妈有事,在我的再三追问下,他哭着说:"我一直学习不好,妈妈觉得很丢人,很少向老师询问我的表现。"了解到这些情况后,我和他的妈妈进行了几次电话沟通。在电话中,他妈妈几次欲言又止,我猜想到她有难言之隐。这让我决定,有时间一定要到他家走访。

幸福的家庭都是相似的,不幸的生活各有各的不幸。初次看到小焌妈妈,我很心酸,她那布满皱纹的脸上,写满了岁月的沧桑。这次家访也让我更加全面地了解了小焌家庭的情况:小焌的家原来住在农村,他的爸爸身患重病,虽然治病花光了家里所有的积蓄,但还是没有挽留住爸爸的生命。为了小焌能有个光明的前途,他的妈妈带着他来到城里,租下了一个面积很小的食杂店,以此维持一家人的生活。

舐犊之心是父母的爱,望子成龙是父母的情。但因为生活所迫,小焌妈妈对小焌的学习和行为习惯没有很重视,导致小焌一些习惯的偏颇。通过和焌妈妈推心置腹的交流,小焌妈妈表态:无论生活怎样,都要多抽些时间陪陪孩子,让孩子从生活中的点滴小事做起,养成良好的行为习惯。面对这样的家庭,我没有懈怠的理由,对我来说,一个学生只是班级的四十四分之一,而在他们的家庭中,则是家长的百分之百。我在心底默默地告诉自己:作为他的班主任,我就是他的校园妈妈,一定要尽我所能来帮助这个不幸的家庭,让小焌有突飞猛进的成长,让这个可怜却坚毅的母亲愁容变笑脸。

那次家访后,我经常打电话询问小焌近期的表现,开始他是怯生生的,几次过后,他能主动向我汇报自己的表现。家访让我打开了小焌闭锁的心灵,让我成了他的"自己人",师生真诚交流,彼此打开心扉,加深了师生感情。我通过温馨的话语和鼓励的语言对他进行激励,给小焌增添了更多自信,点燃了他生活与学习的热情。

昨天,小焌妈妈打来电话,欣喜地告诉我孩子转变很大,比以前懂事多了,特别是学习的主动性提高了。家长的话,让我感到非常欣慰,辛勤的付出终于换取了可喜的成果。

魏书生说过:"教育是一种可以给人以双倍精神幸福的劳动。"一位优秀的班主任,会以其创造性的教育打动每个学生的心灵,将被学生们珍藏在记忆中。对于班主任的工作,我是在摸索中前行,失败和成功并存,但无论怎样,我都牢记一句话:用心才会幸福,有爱才能幸福。在以后的工作中,我会让我的每一名学生享受到来自校园于妈妈的师爱。

(于明珠)

幸福 触手可及

有人说教师是最光荣的职业,因为他们受人尊重;也有人说教师职业是最神圣的,因为他们的爱无私;而我说,教师是一种最温暖的职业,因为它经常会让我们收获幸福。

关爱——一张贺卡的故事

我已经习惯新年的时候会收到一些学生的贺卡,因为担心他们乱花钱,所以每年我都会提前和学生们强调不要花钱买贺卡,如果想送,就自己动手做一张。但那天上完课回到办公室,我仍然发现桌子上躺着一张邮寄的贺卡,心里不由猜测,是哪个不听话的小家伙呢?打开一看,一个名字跃然纸上:丰。惊愕之余,一个文静内向的小男孩的形象浮现在我眼前:那是我多年前教过的一个学生,因为他太内向,也因为成绩不优秀也不糟糕,我们之间几乎没有太多的交流。如果一定要从我们之间找到故事的话,记忆里好像有一次他生病了,几天没来上课,作为班主任,我习惯性地买了些东西去探望他,并给他补了补课。后来他随父母调动工作,转到别的学校去了,但偶尔会从同事那儿听到他的消息,知道他上中学后发展得很好,还考过年级第一名。惊叹之余,我也为他的成长而感到由衷的高兴,但我们之间真的没有什么联系了。而今天,在这个新年伊始之际,他却想起了我这个小学二年级的老师,并送来了一份最真、最美的祝福。

想到这儿,我的眼睛不禁有些湿润,我想这应该是幸福的眼泪吧！被学生想起并惦记的一种幸福！

欣赏——一封信的感动

放学走到学校门口,传达室的大叔递给我一封信,说是一个大个子男孩送来的。我怀着疑惑的心情打开信,发现是一个叫金的男孩写的。说实话,关于他的记忆已有些模糊,在他的叙述中,我才有了一个大概的印象:他是从东北转来的,年龄比班上其他学生大几岁。刚刚转来那会儿,他上课听讲不认真,作业不完成,学习成绩非常糟糕。纪律也遵守得不好,下课总是疯打闹,是老师们公认的"双差生"。可他非常喜欢体育运动,在运动会上还为班级拿了两个第一名,我趁此机会,在班上大力表扬了他,并和同学们一起送给他最热烈的掌声,记得那一次他笑得特别甜。从那一天开始,他悄悄地在变化着:上课能认真听讲了,能够按时完成作业了,违反纪律的现象越来越少了……课余时间他依然那么喜欢体育活动,积极锻炼,并多次代表学校参加市里举行的运动会,每次都取得了理想的成绩。

信中他告诉了我他的现状,体育依然优秀,学习成绩也进步很大,他说他永远忘不了大家那次的掌声与肯定,他说我一辈子都是他最好的老师。

宽容——一声暖暖的问候

走在去超市的路上,对面一个骑单车的男生忽然跑到我的眼前,"唰"的一声急刹车,车子险险停在我眼前。带着不满的情绪,我抬眼望去,对上的是一张灿烂的笑脸和一声清朗的招呼:"老师好！"定睛细看,原来是炎,如果我没记错的话,他大概上高中了吧！随着我们的闲聊,那些远去的记忆一一浮现眼前。记得有一次卫生大扫除,我有事离开一会儿,当我再次回到教室后,学生们纷纷向我告状:"老师,炎什么也不做,在教室里打卡。"我伸手向他要"卡",他极不情愿地掏出,眼里写满了不服气和抗议,如何让他认识到自己的错误呢？我压住胸中的怒火，"这卡怎么打？老师还真不会，你能当小老师教教我吗？"刚才还嘟着的小嘴扑哧一声笑了，学生对我的戒备心解除了。"看，别的同学都在卖力地打扫卫生，你却在打卡，这样做好吗？"他惭愧地低下了头，我知道我达到了目的，收到了比大发雷霆好很多倍的效果。

可能就因为那次宽容，当他再次看到我，才感觉格外亲切吧！我很珍惜这声暖暖的问候。

幸福，原来就是这样简单。它并非远在千里之外，它时时都可能与我们撞个满怀，只要我们心中有爱。待到桃李芬芳日，榕荫擎起满目葱！不求做名师，只求做学生们喜欢的老师，只求延续这种满满的幸福滋味。

（毕可静）

以爱与责任唤醒学生

我班的博博，父母都在上海打工，由爷爷、奶奶照看，父母偶尔打电话过来，也只能是简单交流一下，谈不上具体到位的沟通与交流。爷爷、奶奶文化水平不高，还开着烧烤店，博博的作业有没有完成或完成得怎么样都没人管，爷爷、奶奶只是每天负责他的吃、住、穿等生活最基本的问题，长此以往就造成了博博在注意力和自控力方面存在问题。他在课堂上扰乱纪律，课堂作业拖拉，十次有九次来不及完成；课后作业也经常不完成，还多次撒谎作业落在家里忘带了；他的课桌和书包常常是杂乱无章，一动东西哗啦一下掉满地；书和本子也是邋邋遢遢地卷成一个球；平日值日时要么不见人，要么就是人在但不干活，还有早早溜走的现象。

为了改变博博的种种不良习惯，我首先针对博博经常不完成作业的现象，自费给他准备了一个作业记录本，记下各科作业，组长每天检查作业记录情况签名。第二天检查作业，他总是被安排在第一个。另外，我充分利用学生之间的榜样作用，安排他与附近的帆、浩一起组成一个学习小组，发挥学习小组成员相互提醒的作用，一起学习，一起做作业，在他需要时还可以给他帮助。经过两个月的努力，他基本能及时完成作业，作业质量也不断提高。

　　自尊心和集体荣誉感是学生克服缺点、努力上进的动力。教师如果无视他们的自尊心，一味批评、指责，他们就容易表现出"破罐破摔"的态度和对立的情感。因此，我重视学生自尊心的培养，发现他们身上的闪光点和细微的进步，及时给予肯定、鼓励、赞扬。博博作为一个东北男孩，身强力壮，搬桌椅这种活对他来说都是小儿科，其他同学两个人抬一张桌子，他能轻轻松松地一手抓起一张桌子，被同学们誉为"大力士"。每当这时，他总是很骄傲，而我也总是及时地给予他表扬和鼓励。在征得同学们同意后，我任命他为班上的劳动委员。从那以后，只要班上有劳动任务，他总是抢着带头干，做值日也不偷懒了。劳动使他获得了更强的集体荣誉感，使他自觉地控制自己的不良行为，努力为班集体争光。

　　慢慢地，博博逐渐改掉了不良的习惯，基本能自觉地完成作业，虽然有时仍然有作业拖拉或偷工减料的现象，但是也能主动向老师承认错误。他还能按时值日，积极完成自己的任务，并能主动帮助其他同学。他的课堂纪律、书写习惯也正在走向正轨，学习中充满了上进与自信，学习成绩也有了一定的提高。

　　教育的真谛是爱，我们要伸出双手，拿出全部的爱，扶好我们的学生走出人生第一步，不放弃任何一个学生。学生的行为习惯具有可塑性。对于不好的行为习惯，我们更要去了解，找到原因后，根据不同学生的特点、性格、家庭等给予适当的教育和帮助，让他们逐步形成好的行为习惯。

（丛玲玲）

用爱点亮"界外生"

　　作为班主任，我经常在想：如何激活班级的"界外生？"如何促使学生更加自信？如何挖掘学生自身的潜能，帮其突破自我？如何激发班集体积极向上的动力？这些问题的共性是什么？出发点又在哪里？爱尔兰诗人叶芝曾说："教育不是注满一桶水，而是点燃一把火"。我想，作为班主任，作为红烛的我们，在燃烧自己的同时，最好的方法就是用爱去点亮每一个学生。

　　我所在的农村学校，每一届学生中都会有那种智力稍差的学生。这样的学生往往是教师无法关注，学生不想关注，家长没有信心关注，真正成为"三不管"

的"界外生"。2021年,我班有一个叫娜的女孩,因为大脑炎后遗症,到五年级还认不全十个数字,很自卑。家长也放弃了孩子对学习的追求,认为孩子只要健康快乐就好。这个小女孩真的能得到快乐吗?在学校,她因为不学习或者学习成绩不好,所以没有同学愿意和她一起玩耍,娜形单影只的,整天愁容满面,变得越来越孤僻。

为了点亮娜,我在课堂上总是抽出一些时间,教给她写十个数字。用了两个多月的时间,她终于写会了十个数字,我在班会上表扬娜的进步,并鼓励娜继续努力,也号召全班同学一起见证娜的成长。娜初次体验到成功,脸上露出了微笑。在以后的每一节数学课上,其他同学们做题,娜就认真地写数字。下课以后,学生们又学着我的笔迹,用红笔在她本上写一个大大的一百分来鼓励她,娜开心地大笑着,她逐渐地被同学们接受了。一段时间后,娜竟然能认识一百以内的数字了。

为了继续挖掘娜的潜能,帮助她实现更大的突破,我又拿来了计算器,教给娜在计算器上完成一百以内加减法计算。同时,我还联系了学生的家长,告知他们孩子的点滴进步,并共同规划了孩子的发展目标。娜的爸爸握着我的双手,眼里挂着泪,激动地说:"谢谢老师,您为我们孩子考虑太多太多了,这事我们做父母的都没想到、没做到啊!之前是我们做父母的失责,今后我们一定全力支持老师,多关注孩子的学习。"有家长的支持、同学的帮助,有爱的渲染,娜再次实现了自身的突破,已经能用计算器进行一百以内数字的加减计算了。被爱点亮的娜,每天脸上都挂着甜美的笑容。

娜的成长,也起到了辐射带动的作用,点亮了班上其他几个"界外生",带动了整个班集体。班里的学习氛围越来越积极,互帮互助的情境越来越多,越来越有正能量了。

(王虎)

迟来的礼物

历经网课、寒假,终于要开学了。我为学生准备了特别的开学礼物:绑上了漂亮拉花的新书、象征平安吉祥的橘子和苹果、喜庆的新年红包。学生看到礼物，特别兴奋，从他们的尖叫声，我感受到了他们的开心，我也觉得很满足。

"妈妈，圆圆没有拿礼物。"回家的路上，女儿跟我说。

"礼物是我一个个发的，怎么漏了呢？你怎么当时没告诉我？"我心里一惊。

"我让她跟你说了，可是她说她不喜欢吃。"女儿赶紧说道。

听了女儿的话，我沉默了。圆圆的性格比较内向，少言寡语，平时也是独来独往。她的家庭条件比较贫困，姐妹有七个，别的学生都在父母怀里撒娇，她还要照顾幼小的妹妹。自尊心强的她很少跟其他同学交流自己家的事，我能理解她所谓的"不喜欢"。但想到班上所有的学生都高兴地拿着礼物，只有她孤单地坐在那，还倔强地说着不喜欢，我不由得心疼。

第二天早上，我拿了橘子和苹果塞到女儿书包里面，让她带给圆圆，再三叮嘱她一定要悄悄给她。我站在讲台上，看到女儿和圆圆两个人在推来推去。女儿趴在她耳旁不知道说了什么，圆圆看向我，把水果放进了自己的桌洞。最后一节课是班会课，我拿出一个红包说："这是圆圆的新年红包，还没有打开。"

"老师，红包里面是什么？是不是跟我一样，是当一天值日生。"一位男生大声地说道。

"哈哈哈。"听了他的话，学生们笑起来。

"这是圆圆的红包，要经过她的同意才能打开。圆圆可以满足大家的好奇心吗？"我笑着看向圆圆。

看着大家的眼光，她害羞地点点头。在所有人的注视下，我打开了红包："每个人对红包的主人说一次'新年快乐'！"

"圆圆，新年快乐！""圆圆，新年快乐！"……学生们一声声的新年快乐回荡在教室内，圆圆的眼里满是泪水。

"圆圆，新年快乐。对不起，是老师的疏忽。"我抱着圆圆。

"老师，谢谢您。"圆圆哽咽道。

苏霍姆林斯基说："教育技巧的全部奥妙在于如何热爱儿童。"在班主任工作中，情感投入是爱学生的重要体现，是架设在师生心灵间的桥梁，也是最有效的教育力量和教育手段。因此，要让学生健康成长，班主任不仅需要对学生有一颗真诚的爱心，还需要给学生充分的尊重，尊重他们天真活泼的天性、与众不同的个性、取得的成就和不小心犯下的错误，还要尊重他们的家庭。让学生体会到被理解和被尊重的幸福，他们才会朝着更好的方向发展。

（于海丽）

练习册失踪后……

    "老师,我的练习册找不到了。"课间,宏着急地告诉我。

    "自己的座位周围、抽屉、书包里都里找一找,是不是放哪儿了没看到?"我提醒他。

    "都找过了,老师。我下课的时候就把练习册放在桌面上,去了趟厕所回来就不见了,"宏一边比画一边说,"我同桌也看到了!"为了证实自己说的话,宏又去把他的同桌拉了过来。

    涵是宏的同桌,她证实了宏的说法。

    练习册不翼而飞了?不能,因为我一直在教室里啊。应该是他收拾不及时,被谁捡到了。我安慰他:"没事,一会儿课堂上问问,可能是哪位同学帮你收拾了。"

    课堂上,我问遍了所有的学生,大家都说没看见,经历了好一番的折腾也没找到。

    肯定是哪里出了问题,我思忖着。

    接着,我把班级里所有学生的练习册收起来挨个查看。忽然,我看到其中一本的封面上写着涛的名字,可是涛名字的上方有没有完全擦干净的宏的名字。翻了翻前面做过的练习,回想着涛和宏的笔迹特点,我心中有底了。

    我看着涛想:怎么既不能伤害他,还让他知道自己的问题所在?涛坐在位子上,神情忐忑,他低着头,时不时地抬起眼皮偷偷地看我。

    我把涛叫到办公室,翻着练习册:"涛,能告诉老师发生什么事情了吗?"

    涛的脸一下子红了,嗫嚅着,两只手绞着,不知道该怎么办。过了一会儿,他小声说:"我的书不见了,我看到地下有一本书,我就捡起来写上我的名字了。"望着我,他的小眼睛里噙满了泪水。

    "哦,那你写自己名字之前还做了什么呢?"

    "……"

    "老师知道,做那个动作的时候,你心里也很不舒服,对吗?"

    涛点头,说:"老师,我真的是太担心自己因为没有练习册会挨批评,所以才……"

    "你的练习册呢?"

"找不到了。"

"那你想让你的书早点回来吗？"

"嗯，着急！我都把书包找了好几遍了，也没找到。"

"宏和你一样的心情，他很着急，能感受到吗？"

"嗯！"

"现在宏的书找到了，是你捡起来了，老师才发现了，所以宏的书能找到有你一份功劳。但是，老师不能表扬你，为什么呢？"

"我知道，是因为我把他的名字改成我的名字了。"

"如果你捡到之后就交给老师，这样宏会特别感谢你的，老师也会在全体同学面前表扬你的。下一次再遇到这样的事情，你会这么做吗？"

涛用力地点着头。

"你的东西丢了，你要马上让老师知道，我们一起找一找，让你的书回到你身边来。"

"好的，老师！"

"今天这件事，只有你我知道，但老师希望看到你今天之后的努力。可以吗？"

"可以！"涛满眼感激地使劲点头。

后来涛的练习册在书包里找到了，原来是被妈妈悄悄包了书皮，涛没认出来……

每个学生都有不同的性格，不同的家庭环境、不同的经历使学生们呈现了不同的状态。作为教师，我们不能死守一个固定的模式去教育学生，毕竟教育讲究宽严相济。帮学生隐瞒错误，似乎不够光明磊落，但每个学生都像一棵正在茁壮成长的小树，他们在道德上的洁净感需要老师、家长去呵护，去关注。没有原则的隐瞒的确是对学生道德感的极大伤害；而在帮助学生认清错误之后，帮助他们隐瞒过失，却会让他们在道德上保持洁净，这是值得我们去尝试的。

人无完人，更何况是这些一年级的学生们。我希望他们能干净、清澈，保持一颗单纯的心，看到并感受到周围的生活是美好的。

（于玲）

爱要让你看见

留守儿童是一个特殊的群体,他们的父母到城里打工,无法将他们带进城里,留在身边。留守儿童虽然有父母,但是他们依然不得不接受"骨肉分离"的现实。留守儿童长期被托养或寄养,缺少父母之爱容易有心理缺陷,由于老人溺爱或亲友疏于管教,缺少正确的价值引导。孩子是未来、是希望,我们不能无视他们的存在。

小威就是我班的一个留守儿童,家住十里庄,特意从乡下来到城里读书,父母都在外地打工。要说这个学生的学习成绩,那可是无可挑剔的,他每次考试总是名列前茅,脑子特别聪明,但行为习惯极差,自理能力也很差。小威的家长比较关心孩子,开学初也跟我打过电话,询问孩子的学习情况。我一直以为这个学生不需要老师操心太多,事实是我大错而特错。

一次偶然的机会,我骑车回我妈家,路过他们村,就顺道去了小威家。他的奶奶接待了我。老人挺热情,倒茶端水,但小威不在家,问老人,说可能上网去了。我大吃一惊,想不到看上去很乖的小威居然也上网。老人说孩子每个周末都要到邻居家上网。老人管他,他说奶奶落后,不晓得上网的好处。我叫老人暂时不要惊动小威,等我回来路过再来他家一趟,等小威回来跟孩子谈谈。下午,从妈妈家回来时,我再次来到小威家,还好,小威在家。我问他上午干了什么,小威先是想隐瞒,但猜到我到过他家,就承认了上网之事。不过他强调只上网三个小时,作业也做完了。我当着他奶奶的面肯定了他有一定自控能力,学习成绩非常优秀,但也指出了上网的不对,由于上网,作业写得有点马虎潦草。我跟他讲,要听奶奶的话,接受奶奶的监督。"你很聪明,只要改正爱上网的毛病,成绩一定会有很大进步。"小威虚心承认了错误,表示一定改正。我还当着小威的面,给他父母打了电话,叫他们再关心一点孩子,小威见我没有告状,还很关心他,很是感动。

这次家访之后,我发现小威有了较大的转变。首先表现在作业上,他的字迹明显工整了很多,听课也认真多了;其次他在平时活泼了许多,上课发言明显多了,而且似乎愿意跟老师接触,有什么情况还跟老师汇报。我打电话给他奶奶,老人说他再也没有上网。

这次意外的家访有了意外的收获,也让我有了更多的思考。留守儿童,再自觉也需要家长的关爱。光靠老人管,年事已高、文化水平较低的祖辈监护人基本没有能力辅导和监督孩子学习,隔代教育对于大多数家庭来说是教育的缺失。

班主任应经常与学生父母取得联系,每月定期通电话,让家长对孩子进行"电话教育"。对于一些留守学生出现的不良倾向和在校内外暴露出来的一些问题,要及时处理,耐心进行说服和教育,给予留守儿童更多的关爱,让他们健康成长。

(于明珠)

共情 打开心结的钥匙

轩是新一届学生中最早引起我注意的一个孩子,他上课有时神游天外,有时插科打诨。面对老师的批评,他要么表现得不屑一顾,要么情绪暴躁与你顶撞。即使是面对表扬,他也表现得云淡风轻。我私下里找他谈过几次,收效不大。我去访谈教过轩的老师们,他们普遍反映轩之前很懂事,虽然上课有时也走神,但总体看来是个听话的好学生。我也曾约见过轩的妈妈,那是一个很温雅的女人,与她对话让人感觉很舒服、很温暖,谈及她的教育观念,也是与孩子朋友式相处,不简单粗暴,也不溺爱娇宠,分寸把握得极好,问题也不应该出现在家庭教育上。

到底是什么原因导致了轩的改变呢?百思不得其解的我偶然间看到了一个故事:一把坚实的大锁挂在大门上,一根铁杆费了九牛二虎之力,还是无法将它撬开。钥匙来了,它瘦小的身子钻进锁孔,只轻轻一转,大锁就"啪"的一声打开了。铁杆奇怪地问:"为什么我费了那么大力气也打不开,而你却轻而易举地就把它打开了呢?"钥匙说:"因为我最了解他的心。"

我该如何走进他的心呢?正在一筹莫展之时,我无意间听到语文老师布置了一篇周末作文:写一个人对你的深刻影响。周一早晨,我装作无意间翻阅学生们的作文,然后极快地找到了轩的作文。细读他的作文,我感觉自己找到了打开他心门的钥匙。作文中,他提到在他年幼的时候,父母就离婚了。他内心中一直渴望父爱,所以当继父出现,并对他呵护有加时,他是欣喜的。可是随着继父职位的升迁,他在家的时间越来越少,晚上经常喝得酩酊大醉而归,轩渐渐开始讨厌他。直至今年有一次,当轩与妈妈意见产生分歧,从而导致争执后,继父打了轩,此后轩从心底里厌恶继父,继父说的话他都要反其道而行之,例如让他好好读书,他就偏不。而且他脾气也变得暴躁起来,有时候自己都控制不住。而这一切,他都不愿意告诉妈妈,因为妈妈和继父的感情很好,他不愿意让妈妈失去幸福。

读着这些文字,我的心有些刺痛,我对这个学生了解得太少了,之前和轩的妈妈谈话,她也没有说过再婚的事情,可能担心孩子因此在学校受歧视、受委屈吧!我心疼轩的懂事,但也震惊于他的满腹怨念,轩的继父(后面简称轩爸)真是如此不堪吗?我觉得我应该好好地和轩的妈妈再沟通一下。

当我把这篇作文摆在轩妈妈的面前时,我看到了她脸上的震惊和眼里的疼惜。她说轩爸是因为工作原因,很多时候不得不出去应酬,身不由己。但他是真心爱轩的,因为轩妈妈工作非常忙。她除了上班,还自己经营了一家糕点厂,每天下班后还要去糕点厂看看,往往要忙到很晚才回家。而轩爸每天下班回到家,先给轩做好晚饭,轩有不会的作业,他也会细心辅导,有时候还洗好衣服,收拾好家之后,才出去应酬。至于那次打轩,是看到轩把妈妈气哭,才一时冲动打了轩一巴掌,事后他也很自责。轩妈妈没想到这一巴掌会产生这么严重的影响,更没想到孩子会这么记仇。

轩妈妈的话让我想起曾经在心理学书上看到的词语:共情。共情是心理学中的术语,根据我们通俗的理解,就是学会体谅别人,对别人一些情绪、事件感同身受的反应,能够换位思考。实际上在人际交往中,共情会让我们赢得更多的朋友,也会让很多棘手的问题迎刃而解。看来轩对轩爸缺少共情,我决定和轩好好谈谈,希望能化解他对爸爸的误解与隔阂。我们俩这次的话题是从轩妈妈开始的,我坦言我非常喜欢他的妈妈,觉得她非常有修养,同时对班级工作非常支持,还是我们班家委会成员,轩的脸上浮现出点点骄傲。然后我接着说:"我听说你妈妈工作特别忙,还有一个自己的工厂,她这么忙,晚上有时间给你做饭吗?""我爸做的!"他的脸上闪过一丝黯然。我窃喜,话题移到了轩爸的身上,趁热打铁说:"你爸爸对你真好,现在给孩子做饭的爸爸可不是很多哦!""好什么好?他又不是我亲爸,他还打我,怎么会真心对我好?"轩的脾气又暴躁起来。原来轩心里的疙瘩在这,他认为不是亲爸,就不会真心地对自己好。"那你亲爸来看过你吗?"他沉默。"妈妈打过你吗?""打过一两次。""那你怨她吗?"我继续追问。"我知道她是为我好。""看,症结就在这里,妈妈打你,你可以体谅,因为她是你亲妈。爸爸打你,你觉得他不是真心爱你,只因为他不是你亲爸。实际上这都是你自己的想法而已。"我柔声劝道:"再好好想想爸爸为你做过的事情,说给老师听听!"在他的讲述中,我看到了轩爸的好。"老师也打过自己的孩子,但不会打别人家的孩子,你知道这是为什么吗?因为只有面对自己的孩子,才会有恨铁不成钢的焦急,他是真正把你当作了自己的孩子啊!何况听妈妈说,他打完你,事后也追悔莫及,这份舍不得你能明白吗?"轩的眼里浮现出点点泪光。"成年人也有自己的生活圈子,有时候是工作原因,有时候是维持朋友间的情分,所以出去应酬有时候也是迫不得已。你不喜欢爸爸喝醉,可以和爸爸说,我相信听了你的建议,他一定会有所改变的,因为他是非常在乎你的。"

可能是因为打开了心结,此后的轩变了,他上课不再扰乱课堂,作业书写成为全班的楷模,他在一点一点地进步着。有时候仍然能够看到他遇事时的愤怒,但他强忍着,不再大吼大叫,努力让自己心平气和地处理。我和轩的妈妈联系,她说轩爸现在尽量减少出去应酬的次数,出去也尽量不喝醉,轩和爸爸的关系缓和了很多。

暑假中到校领中学录取通知书时,轩给我送来了一束鲜花,说提前祝我教师节快乐!他还说暑假在家预习了中学的课程,希望自己中学有更好的表现。我真心为轩的蜕变感到高兴。

回忆至此,鼻尖仿佛萦绕着清香袅袅,或许有花香,有书香,更有教育的芬芳,愿此情此景成为我生活的常态。

(毕可静)

家校合力 助推学生成长

叶圣陶先生曾说:"什么叫语文?语就是口头语言,即平常说的话,文就是书面语言,即写到纸面上的文字。把口头语言和书面语言连在一起说,就叫语文。"也就是说"语"和"文"指的是两件事。

在实际的语文教学中,我们会发现有些学生说起话来,头头是道,一旦动笔写就常常会出现写错字、不会正确运用近义词、词不达意等情况。这是由于他们还没有建立好从"语"到"文"的机制,很多时候他们口头表达用的词语、句型是下意识说出来的,但当需要把这些内容写下来时,他们却不能及时地把这些内容从头脑中唤醒。学生澜就属于这种情况,平时她回答问题很积极,学习比较主动,但作文却写得不尽如人意。为了更好地帮助她,我与澜的妈妈约好进行家访。

澜的妈妈很热情,也很健谈,言谈间可以感受到澜妈妈对孩子的成长十分关心,也谈到孩子写作文会有些障碍。我问道:"孩子平时在家会看看书吗?"澜妈妈摇摇头,说:"孩子爸爸在外轮上工作,常年不在家。我一个人要上班和照顾孩子,更多关注的是孩子作业和上课听课情况,对读书方面关注比较少。老师,您说说我怎么做比较好?""咱们孩子差不多大,我说说我自己的做法吧。孩子升入三年级开始写习作时,我都会先听他说一说,有时他在说的时候我会将他说的内容录下来,与他一起讨论,再动笔写就比较顺溜。语文是慢功夫,阅读积累很重要。平时我会陪孩子读读书、背背古诗,大半个学期下来他就能较独立地完成习作了。"澜妈妈边听边点头说:"我觉得您说的对。我平时感觉上一天班很累,下班后通常是自己看看手机,不大管孩子。从今天开始我要减少看手机的时间,多陪陪孩子,与她一起阅读。"孩子在成长过程最需要的是父母的陪伴。当孩子遇到困难时,父母能给他力量、给他方法,这样既能赢得孩子的信任,又能帮助孩子克服畏难情绪。

为了帮学生养成良好的阅读习惯,学校开展了亲子阅读活动。澜妈妈在活动后写了这样一段话:"陪伴是最长情的告白,这句话不仅仅适用于情侣,更适用于父母与孩子。因为在孩子的心目中,父母是他们的全部,是他们的第一任老师,孩子的内心无比渴望得到父母的陪伴与关注。这三十天的陪伴阅读让我收获的是与孩子内心近距离的交流。平时下班我大多是在玩手机,为了督促孩子阅读,我放下手机,将更多的时间用在与孩子共读上。在阅读过程中,我们会讨论一些问题,交流阅读时的一些新想法。虽然她的阅读感悟还停留在表面,不是那么深入,但这是很正常的。随着阅读量的积累,她对书的理解会慢慢提升,这是一个漫长的过程。阅读也应该是一个静待花开的过程!"

一段时间后,澜在习作方面有了明显的进步,文中的错别字少了,语句表达流畅、生动了。澜妈妈高兴地告诉我,孩子现在已经养成了很好的阅读习惯。巧合的是,澜连着两年都分在我班,课堂上我能清楚地感受到她对于学习的那份专注力;习作课上她很乐于展示自己的习作,渴望大家对她的习作进行点评;课余时间她喜欢捧着一本书静静地在那阅读……

学生的成长离不开学校、家庭与社会的共同努力。父母在孩子遇到大大小小的问题和挫折时候的反应,有时候会给孩子带来跨越困境的底气。家校联手,形成合力,才能帮助孩子更好地成长。

（牛霄燕）

请多给学生一份肯定

"老师。小禹把我的书扔在地上。"丽丽气呼呼地跑过来跟我说。

"老师,他今天还推了我一下,我都差点摔倒了。"小南闻声也凑到身旁。

"老师,他还把唾沫都吐到了我身上。"

"老师,他还踩了我一脚。"

…………

越来越多的学生过来跟我诉说着小禹的种种劣迹。回想最近一段时间小禹的表现,有班级活动时,他每次都会过来跟我说:"老师,分配一个任务给我,我也想参与。"可是每次我安排的任务他总是草草地完成,上课不认真听讲,作业不按时完成,经常违反纪律。总会有任课老师向我反映他的问题。因此我经常会跟他谈话,同时也批评他。听着同学的小报告,我发现他不但没有改正反而更差了一些,甚至有些破罐子破摔了!

这时数学老师走进教室,也抱怨说:"小禹,上午我还表扬你,你看看你,真是经不起表扬!"我刚想询问发生了什么事,这时上课的铃声响了起来,我像平常一样表扬了按时准备学习用品的学生。可是没过多久,小禹的"老毛病"犯了:不停地摇晃椅子,发出吱吱的声音。我走过去气愤地说:"难怪刚才数学老师也说你经不起表扬!"谁知,他却大声地说:"我也按时准备了学习用品,你又没有表扬我!"我一震,这一句突如其来的话让我一时不知说什么好。

下课后,小宇的话一直在我耳边萦绕,我也开始反思:因为他很调皮,所以我经常批评他,我把他的闪光点都忽略了,很少表扬他。从今天这件小事看来,他挺在乎别人的肯定。调皮的学生和大家一样都希望得到赏识,也许他比其他学生更希望得到老师的表扬。因为我总是把关注点放在他的调皮上,而忽略他的优点，以至于把他应该获得的肯定都省略了，所以他在今天的委屈中爆发了，于是我决定在今后的教学中要调整方式。

从那以后，在课堂上，他认真听讲、积极回答问题，我就表扬他；在生活中，他的桌面整洁，我就表扬他；在活动中，只要有他的身影，我就表扬他。经过一段时间的观察，我发现他在课堂表现、作业完成情况等方面都取得了小小的进步。更可喜的是，他看到地上的垃圾会主动捡起来，看到同学摔倒了会主动扶起来。渐渐地，学生眼中那个调皮的小魔王渐渐消失了。

学生的心很简单，就是想多一点肯定，我们要善于捕捉学生闪光点，及时给予肯定和温暖。老师的肯定可以强化学生获得成功的情绪体验，满足其成就感，进而激发学习动力，培养自信心，促进良好心理品质的形成和发展，有助于建立和谐的师生关系，营造一个奋发向上的班集体氛围。请多给学生一份肯定吧，因为学生明天的成功也许就蕴藏在你的肯定之中！

（于海丽）

人非圣贤　孰能无过

——允许学生犯错

作为班主任，在日常的学习生活中，我总是设身处地为学生着想，与学生建立了良好的师生关系，学生们信任我，有什么话都愿意对我说。最近，我发现班里的小波同学，似乎总有话想对我说，可每次都欲言又止。正在我疑惑的时候，他的家长找到我，说发现家里似乎少了点钱，但又不能确定，他们在家"威逼利诱"，但小波始终不肯承认，他们无计可施，想让我帮忙调查一下。

小波学习成绩优异，平日也算比较乖巧听话的学生。结合他最近的表现，我心中其实已经有了答案：钱是小波拿的，他也意识到了自己的错误，但他缺乏勇气承认。于是，在班会课上，我给学生们讲了许衡的《我是决不会拿的》这个小故事。当我讲完许衡宁可让自己口渴，也不在没有主人允许的情况下私摘别人的梨解渴的故事后，我问学生："听完这个故事，你们有什么想说的？"学生们议论纷纷,有的说:"许衡的自律性真强,即使在没有主人的情况下,也能够自我约束,我们应该向许衡学习!"有的认为自己也会这么做。然后,我从许衡的故事引导学生讲讲自己在自律方面应该怎么去做,有的说:"我以后在家要先做完作业才去玩。"有的说:"我每天只能看半小时的动画片。"也有学生说:"我以后不能撒谎。"这时,我再问学生:"如果你以前有做得不好的地方,你们应该怎么做呢?"有的学生说:"以前做得不好的地方,以后要改正。"也有的同学表示:"做得不对的地方,以后要勇于承认错误,不再犯同样的错误!"这时我有意无意地看了一眼小波,只见他红了脸,低下了头。我想,这节课的目的达到了。

果然,中午,小波来到我办公室,对我说:"老师,我有一个秘密想告诉您,您能不能为我保密?"我很诚恳地说:"老师一定会为你保守秘密的!"

于是,他告诉我,他因为看到同桌的文具盒很精致,便偷拿家里的一百元钱给自己也买了一个。他说:"我知道自己做错了,我以后再也不这样做了!"听完后,我说:"老师很高兴你能对我这么说,我也相信你以后再也不会做这样的事了,但是,我觉得你还应该向你父母承认错误,他们会原谅你的。"

"我不敢,"小波说,"我怕他们打我。"

"你能主动承认错误,是个诚实的孩子,父母怎么会打你呢?相信老师,他们只会为你的勇气感到骄傲。"我鼓励道。

事后,我马上与小波的父母做了沟通。第二天,小波的父母高兴地告诉我,小波主动向他们承认了错误,并把剩余的钱交还给了他们。我再次对小波的做法给予了肯定。从那以后,小波再也没有出现过类似的问题,并且各方面表现都不错。

其实,很多孩子都曾偷偷地拿过家里的钱,即使是最听话的孩子,也可能做过这样的事情。如果一味地揪住孩子的过错不放,有可能会适得其反。只有深入他们的世界,听听孩子的心声,了解他们的想法和心理感受,并以他们的感受为依据来加以引导,方可"对症下药"。

(丛玲玲)

十元钱买来的诚信教育

上学期,班级有一段时间经常丢东西,包括零钱、学习用具和小食品等。因为都是些小东西,并且也有可能是学生自己弄丢了,所以我就没太在意,只是告诉学生们要管理好自己的物品,不要到处乱放。

本学期一个周一的早晨,我在教室收学生的饭费。一个叫颖的小女孩怯怯地走到我跟前,小声说:"老师,我的饭费丢了。""丢了多少钱?"我一边问,一边用眼扫了一下她座位周围的学生。"十元。""你确定早上带够钱了吗?会不会落在家里了?有没有可能掉在班车上?"还没等我问完,颖就抢着说:"今天早晨在教室,我还拿出来数了一遍,那时候还没少。"看来钱是真丢了。根据过往的经验,我提示颖:"你再回到座位上好好找找,有没有可能夹在哪一本书中,或者掉在地上。"颖不情愿地看了我一眼,默默地回到座位上,找了好久也没找到。我心想:"颖的钱应该是被其他学生'顺'走了,怎么办呢?"

我觉得既要找出"顺钱"的学生,帮助其改掉恶习,又不能伤害他的自尊心,还要教育全班学生做讲诚信的人。于是,我利用当天晨会时间,先讲了两个失信造成严重后果的事例,然后说道:"小颖同学的钱今天早晨弄丢了,如果有同学捡到或者发现了颖的钱,应该主动告诉老师,而不是据为己有。"接着,我又问学生:"谁都有一时被金钱迷惑的时候,如果这位同学主动把钱还回来,你们还能原谅他吗?"学生们异口同声地说:"能。"就在我打算从法律的角度再分析一下偷拿别人钱物的后果时,坐在教室后排的小浩大声说:"老师,钱在地上。"小浩俯身捡起钱,送到颖的手里。动作连贯,一气呵成。有学生对小浩投去怀疑的目光,甚至有学生直接说肯定是小浩偷的。小浩的脸瞬间红了,本能地说:"我没偷,不是我。"我及时制止了学生们的揣测,说道:"颖的钱找到了,这是一件好事。这件事的发生,有多种可能,在事情还没调查清楚前,请大家不要胡乱猜测。"

事后,根据观察分析,我觉得小浩拿走了颖的钱是大概率事件。颖的钱没有全丢,只丢了十元,说明小浩胆子还比较小,应该不是"惯偷"。如果小浩第一次拿到别人的钱物之后没有得到应有的教育,就有可能尝到甜头,产生一种不劳而获的"成就感",会形成一种坏习惯。这类事情对班级的影响也非常大,个别学生甚至可能会效仿,形成不良班风。因此,我必须找小浩好好谈谈这件事,对于偷窃这样的不诚信行为,我要及时制止,帮助小浩改正错误思想和行为。

午饭后,我单独找小浩聊这件事。小浩主动承认是他拿了颖的钱,还保证自己以后不会再偷钱了。我轻轻地摸着小浩的脑袋,肯定了他能够认错的良好态度,表示相信他可以改正。

在班级管理中,有些教师经常把学生的偷窃行为视作道德品质恶劣、不讲诚信,采取"搜身""审讯"等方式找出偷窃者,然后公之于众,给予严厉的处分。这样做其实很难从根本上解决偷窃问题,反而会使学生的心灵受到巨大的伤害,他们极有可能破罐子破摔,做出更加恶劣的事情。如何恰当地处理类似问题呢?我认为需要做好以下几点。

一、谨慎处理不诚信问题

学生的一些小问题,教师如果处理不当,可能会给学生带来巨大的伤害。我们是教师,不是警察,我们的出发点是为了保护学生不受伤害,教育学生做一个诚实守信的人,而不是抓小偷。没有百分之百的证据一定不要轻易下结论、扣帽子,即使在短时间内解决不了问题,也要谨慎处理,绝不能莽撞,不可出现类似于翻学生书包或者搜身等不尊重学生人格的行为。

二、真情感化教育学生

有些时候学生会因一时冲动犯错。在教育学生的时候,教师如果能抓住其人性中的闪光点,挖掘学生心灵深处存在的美好,也许问题会不攻自破。本案例中,我首先在全班讲一些诚信小故事,动之以情,晓之以理,用真情打动学生。在我和小浩交流的时候,我首先肯定了他最近的学习等方面,然后再问他最近有什么困难,需不需要老师的帮助等问题。小浩感觉到老师是在帮助自己,经过内心思想的斗争,终于主动承认了偷钱这件事。

三、从心理上去引导学生

如何帮助学生改正问题是教育的终极目标。对学生进行心理辅导,用关爱让学生从心理上克服这个毛病。我告诉小浩:"犯错只是一时的糊涂,只是自己人生道路上一个小插曲,不影响他做一个诚实守信的人。犯一次错并不能否定人的一生,老师也有犯错的时候,只要能及时改正仍然是好学生。"后期,我给予小浩更多的关心和鼓励,帮他改掉了"偷"这个毛病。

学生也是人,虽然犯了错误,但不能一棒子打死,最重要的是让他们吸取教训,不再犯类似错误。颖丢失十元钱是一件小事,但它却挽救了小浩,让他改正错误，并教育全班学生做一个积极的、正念的、诚信的人。作为教育工作者，教师要多观察学生，及时发现和制止学生的不良行为，采用恰当的方式进行教育，并给予及时的心理辅导，让学生朝着健康的、诚实的心灵之路不断迈进。

（王虎）

小步子　大目标

——连锁效应在家庭教育中的应用

　　"老师，小军每天完成作业都需要十点以后，有时候甚至到十一点，这可怎么办？这种生活太煎熬了！"接到小军妈妈的电话，我大吃一惊，"双减"后，小学生的作业每天基本控制在一个小时左右，据我了解，做作业快的学生大约四五十分钟就能完成所有作业，慢的学生一个小时多点一般也完成了，像他这样花费如此长时间写作业，实在令人惊讶。原来是小军做事磨蹭，边玩边写作业。结果是每天家长在一旁盯着小军写作业，一边盯着写作业，一边唠叨，因为写作业一事，家庭战火不断，家长焦虑，孩子痛苦。小军写作业经常是写到深更半夜，晚上又不能及时休息，白天的学习效率必然低下，学习效果差，直接影响小军完成作业的速度和质量，形成恶性循环。"王老师，因为写作业拖拖拉拉，真没少批评他，甚至打他，可他就是不着急，磨磨蹭蹭，写得很慢，真难改，愁死人了。"听到小军妈妈唉声叹气，我心里越发着急。此时我想起刚读的《教育中的心理效应》中的"连锁塑造"效应，它带给我们的启示是"跳一跳，摘果子"，表达了教学中的最近发展区思想，"连锁塑造"为学生学习复杂的、较难的知识提供了实现"跳一跳，摘果子"的方法。那就是分解学习目标，通过设计小的步骤，让学生"跳一跳"，就能摘到"小果子"。"小果子"积累多了，就实现了大的目标。于是我和小军妈妈谈了谈我的想法，利用"连锁塑造"效应帮助小军。

　　小军妈妈买宝盒（透明的盒子），每天妈妈跟小军约谈今天写作业需用的时间，然后两人商谈提前完成作业的时间，如果今天提前五分钟完成作业，就奖励一朵小红花，节约的时间写在小纸条上放进宝盒子里储存，周末可以增加玩耍的时间,用这种方法来激励小军专心完成作业。第一天,小军节约了五分钟时间;第二天又节约了四分钟时间完成作业;第三天节约两分钟时间……小军写作业的速度快了,再也不磨磨蹭蹭了,一回家就开始完成作业。小军"跳一跳",就尝到了"摘果子的甜头",第一个周末,小军用提前完成作业的时间达成去动物园看动物的心愿,别提多高兴了。

在一次次激励的情况下,小军完成作业的速度慢慢加快,能够集中注意力完成作业,作业质量也有所提高。晚上按时作息,上课能够认真听讲,积极回答问题。老师适时表扬,激发了小军学习的兴趣。就这样,小军一步一个脚印,慢慢改变了坏习惯,幸福了一个小家庭。

通过设计小的步骤,分解小的目标,让小军"跳一跳"后就能摘到"作业小果子",小果子越摘越快,一次次提前完成作业,慢慢改变了小军磨蹭的坏习惯。在教育教学中,我们一定要有长期"连锁塑造"的观念,有意识地一步步巩固学生的行为习惯,相信我们的学生会越来越好。

(王晓丽)

一条玻璃手串

"老师,你伸出这条胳膊,闭上眼睛。"下课了,婕指着我的右手腕悄悄地跟我说。

"好的!"说着我配合她伸出了胳膊。凉凉的,好像是一条手串戴在了我的手腕上。

"睁开眼睛吧,老师!"婕微笑地看着我。啊,真的是一条手串,黑绿相间,很漂亮。

"喜欢吗,老师?"

"谢谢你,婕!心意老师领了,手串如果戴在你妈妈手上会更好看哦!"

"不,这是我和妈妈给你做的,我们一起选的颜色,昨天晚上我们一起串的,妈妈说你带上肯定很漂亮。"看着婕纯真的眼睛,我眼前浮现出她和妈妈挑珠子、串珠子的情景。

"是啊,和老师今天的衣服也很搭配呢,老师会天天戴着它的。"我高兴地拥抱了婕,她脸上幸福满足的表情让我的心也暖暖的。

说实话,婕初到我们班的时候并不是一个很引人注意的学生,因为她总是闷不吭声。但在课堂上,她总是各个学习任务完成的"小尾巴",于是,她成了我特别关注的学生。她住在农村,性格内向,脸上鲜有笑容,不像别的学生那样下课就围着老师说这说那的,我也经常看到课下她拿着笔独自在认真地写着、画着,她有时候也会出神地望着我和其他学生嬉戏,我明显地感受到她心底的那份期待。

于是,我开始尝试着走进她的内心。

婕的家长是我们班唯一一位不在班级 QQ 群里的家长,她妈妈不认识字,爸爸长年在外打工。所以,我每天都会单独写一张小纸条让婕先读一遍,然后带回家读给妈妈听,让妈妈知道婕今天的表现以及推荐的学习内容。婕的妈妈每天会在纸条上回复签名,隔几天就会给我打一个电话,了解孩子的情况。

那天早晨,婕和婕的妈妈赶早到我办公室找我。

"老师,我来就是告诉您我家也买电脑了。"她兴奋地说着,婕在旁边不住地点着头。

"她爸爸回来了,发了工资,昨天我们买了一台电脑,我也能上网了,以后再也不用麻烦您单独给我写纸条了,我也能和其他的家长一起在群里看孩子们的照片,一起了解咱班的事情了。"她一口气说了那么多。

"太好了,咱们群终于一个也不少了,是完整的大家庭了。"我心里满是感动。

"可是,那个……嗯……老师,有件事情不好意思。"婕的妈妈突然变得扭扭捏捏起来。"你也知道,我不认识字,我还不会上网,能不能麻烦你给我注册个账号,加进去。我今天请假半天,就是想跟你先学学怎么加入咱班群里,回家后我多练习,也让孩子教我,我肯定能学会的。"

"可以啊,来,我先教你。"我边帮她注册,边把步骤写在了一个本子上。她就像个小学生似的在旁边边问边比画着,婕也在旁边帮着妈妈。当我把婕的妈妈拉入群的时候,她禁不住叫起来:"老师,我进来了,我终于进来了!谢谢你,老师!"她双手紧紧拉着我的手不住地感谢。

一件小小的事情,能让家长感激不尽,我突然感到自己那时刻的幸福,我得到的不单纯是一个学生的爱,更是家长的一份信任。而婕亲身经历的这件事情也对她有了很大的促进作用。

随后的一次测验，经常在 D 等级的她，第一次考到了 C。在班上，我让对自己的等级感到满意的学生请举手，除了一些考到 A 的同学，我看到了婕那高高举起的手，小脸微微上扬，一份满足的笑容让人欣慰。

"婕，能说说你现在的心情吗？"

"老师，我真太高兴了，我知道我肯定会进步！因为我努力了，我还会继续努力的，然后才能教妈妈。"短短的几句话透出她的自信。教室里响起学生们的掌声。

"是啊，我们都喜欢努力而自信的孩子！"

那以后，我经常在课下带着学生们一起做游戏，我看到了婕终于能"混进"学生们里了，她渐渐地开朗起来了。

至今，婕会经常走到我身边，看看我的手腕，看着我笑。为此，我也时时戴着那串亮晶晶的玻璃手串。我知道，我戴的绝不仅仅是一个手串，而是家长和学生对我的一份爱！

（于玲）

传授方法 > 批评教育

小辉四年级的时候，从吉林转来我校，半个学期就成为全校"名人"。他脾气火暴，和班里多数男同学打过架，也多次怼过任课老师和班主任，德育主任和校长找他谈话，他也只是稍有收敛几天而已。家长对孩子有些宠溺，表示管不好，自己也很为难。

五年级时，小辉分到了我的班。学期初，我主动找小辉谈话，表示上五年级了，每个人都应该更成熟，可以好好控制自己的情绪，不希望再发生像以往那种和同学、老师吵架的事情，并鼓励他好好学习，争取改变自己在他人心中的不好形象。小辉也很懂事，知道我说的话是为他好，不断点头，表示自己会克制自己情绪，一定不再发生类似事件。在开学第一个月，小辉竟然真的一次也没有和同学打架,也没有同老师顶嘴。

就在我放松警惕,认为小辉真能从此转变的时候,但还是出事了。周四上英语课的时候,小辉英语句子没读下来,老师让他站着读,他就有情绪。这时候同桌又不小心把他心爱的铅笔盒碰掉到地上,还没来得及说对不起,小辉就怒火中烧,冲着同桌大吼。英语老师及时制止小辉,因为怕耽误上课学习时间,就没及时处理这件事。结果,小辉就爆发了,课堂上不仅骂了同桌,还大声顶撞老师。那天我在文登开会,英语老师就联系了家长,通知了校长。因为屡教不改,校长采取了最严厉的惩罚措施,让小辉回家反省两天,写书面检讨让家长签名,认错后再返校。

下一个周一早上,小辉耷拉着脑袋走进教室,看了我一眼,默默走到座位上。我知道,小辉还在不良情绪中,没有走出来。我走到小辉旁边,摸了一下他的头,轻轻地说:“我知道,回家的这两天,你的心情很糟。”他抬头看着我,点了点头。“事情的大概我已经清楚了,”我继续说道,“我知道,在冲突刚发生的时候,你也很想控制自己的情绪,不愿意骂同学,更不愿意顶撞老师。”小辉点着头说:“是啊,但我也不知道怎么回事,我就是控制不住自己。”“现在很后悔吧?”小辉又点了点头,说:“老师,我让你失望了吗?”我笑着说:“你比以前已经有很大进步了。只不过当不良情绪来了的时候,你不知道该怎么处理,缺少方法而已。”听到我的肯定,小辉也露出了微笑。我继续说:“每个人都会有不良的情绪,如何处理这些情绪,我们要做到三不:一是不伤害自己;二是不伤害他人;三是不破坏财物,尤其是公共财物。”小辉焦急地问:“您说我该怎么做?”

我看到有好多学生都在围着听,便马上召开了一次“微班会”,教给大家处理不良情绪的方法。首先,采用注意力转移法。当自己非常愤怒的时候,可以先转移自己的注意力,不要一直想这件事,而是去做其他的事,使自己不会过于激动,做出过激行为。然后再消化不良情绪。这些不良情绪只是短时转移,并没有在我们心中消除。我们可以采用大力扔柔软的枕头,或者跑步、唱歌、绘画、写日记等方法,在三不原则内,合理宣泄自己的情绪。最后,等自己彻底冷静后,一定要把产生不良情绪的根源找出来,重新审视,反省自己。

课后,小辉主动找英语老师和同桌承认错误,也和我保证,以后再也不会发生类似的事了。我拉着小辉的手说:“不良情绪就是我们心中的小怪兽,我相信你可以一定可以打败它,做情绪的小主人。”小辉自信地点了点头。自此,小辉再也没有发生过和同学打架的事件。偶有几次,小辉特别愤怒,但那种愤怒情绪转瞬就消失,他真的融入了班集体,脸上常挂着笑容。

　　这件事,从表面上看,是英语老师的批评和同桌碰掉铅笔盒这两件事情的叠加效果,让本来脾气火暴的小辉难以自控。而实际的问题根源是小辉没有掌握合理宣泄情绪的方法,当自己出现不良情绪的时候,他只能一味压制情绪。开学的第一个月好像风平浪静,但压在小辉内心的愤怒情绪越积越多,这是他所不能承受的。同桌碰掉他铅笔盒这件事,是本次事件爆发的导火索。如果小辉一直压抑自己的不良情绪,这不仅不是好事,反而对他自身更不好。长期的压抑,会让人的情绪变得更糟,以至于发生机体病变。当学生产生不良情绪的时候,我们不能鼓励学生任意爆发,也不能简单告诉学生:"谁都有情绪,要控制自己。"而是要教给学生合理宣泄不良情绪的方法,帮情绪找到宣泄出口,合理把情绪宣泄掉。

　　班主任需要与各种类型的学生打交道,我们不能以师者自居,把自己放在较高的位置上,用那种"我是老师,我说了算,你就得听我的"的粗暴教育理念教育学生,更不能拿道德的大棒挥舞学生,认为不遵守纪律、不服从老师就是道德败坏,品质有问题。从人本主义的教育理念来说,每个人都是向善的,都有被社会认可的需求。学生之所以做出一些出格行为,也是有原因的,更多的时候,我们需要教给学生解决问题的方法,让学生自己去尝试解决问题,这些方法的传授比批评教育的效果更好。

(王虎)